ヤマケイ文庫

ドキュメント 気象遭難

Haneda Osamu 羽根田 治

Yamakei Library

ドキュメント　気象遭難

目次

気象解説　飯田睦治郎

写真提供
谷川岳　勝野惇司
伊那前岳　池上好彦
塩見岳　辻 寿保
トムラウシ山　市根井孝悦、梅沢 俊
立山　共同通信社
剱岳八ツ峰　佐藤光由、梶山 正、読売新聞社
剱岳　遠藤 淳、朝日新聞社
天気図とひまわり画像　飯田睦治郎
地図製作　株式会社千秋社
DTP　渡邊 怜

春・沿海州低気圧　谷川岳――雪崩

エキスパートコース

二〇〇一（平成十三）年三月中旬から下旬にかけて、全国各地の気温は平年を上回り、春の到来を感じさせる陽気となった。

三陸沖に抜けた低気圧が暖気を持ち込んだ三月十八日は、全国的に四月上旬ごろの気温となり、東京では十七・二度の最高気温を記録。南高北低の気圧配置となった翌十九日には、東京の気温は前日より一・一度高い十八・三度まで上昇し、群馬県水上の最高気温も例年の平均気温を六・六度上回る十二・三度となった。

翌二十日、沿海州に発達した低気圧に向かって南風が吹き込み、全国の気温はさらに上昇する。札幌の最高気温は十二・七度、旭川は十一度と、北海道では四カ月ぶりに気温が十度を越えた。水上でも午前九時ごろからぐんぐん気温が上昇し、昼には例年の平均気温より十・二度も高い十四・二度の最高気温を記録した。

その二十日の早朝四時四十分、日本アルパインガイド協会の公認ガイド勝野惇司（五十一歳）は、自ら主宰する「勝野アルパインスクール」の講習生、小林竜夫（三十歳）と古本伸治（三十五歳）のふたりを連れ、谷川岳ロープウェーの山麓駅近くにある土合駐車場をあとに一ノ倉沢出合を目指して歩き始めた。

勝野は、一九五〇（昭和二十五）年、長野県の生まれ。二十歳のころより山登りを始め、社会人山岳会の日本クライマーズクラブ（ＪＣＣ）に入会してから本格的な登攀を行なうようになった。主に冬季の岩壁登攀を志向し、谷川岳一ノ倉沢滝沢ルンゼ状スラブ冬季単独初登攀、唐沢岳幕岩Ｓ字状ルート冬季初登攀、黒部奥鐘山西壁京都ルート冬季第四登、黒部丸山大チムニールート冬季初登攀などの記録を持つ。ほかに北アルプス北部や妙高、谷川岳周辺での山岳スキーにも力を注いできたが、現在は登山活動の八割方がガイド業に当てられているという。

勝野アルパインスクールは、その勝野が主宰しているだけあって、やはりアルパインクライミングが活動の主体となっている。以前は初心者を対象にしたマスターコースも設けていたが、参加者が少ないため閉鎖。現在は経験者が実践的な登攀技術を高めていくためのエキスパートコースと、山岳スキー技術を基礎から学ぶ山岳

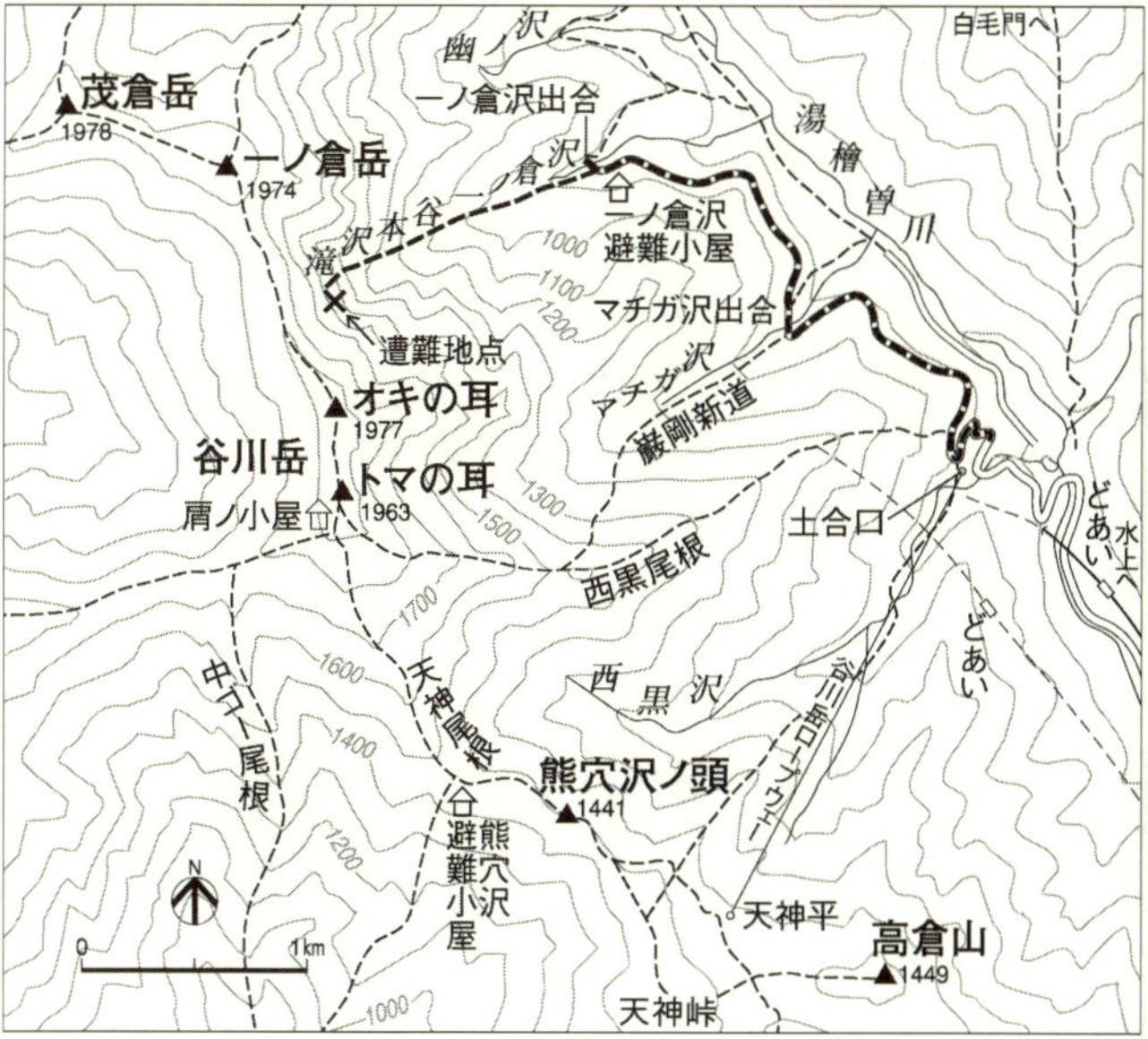

白毛門へ
幽ノ沢
茂倉岳
1978
一ノ倉沢出合
一ノ倉岳
1974
湯檜曽川
一ノ倉沢
本谷
滝沢
一ノ倉沢
避難小屋
1000
1100
1200
マチガ沢出合
遭難地点
マチガ沢
オキの耳
1977
巌剛新道
谷川岳
トマの耳
1963
肩ノ小屋
1300
1500
土合口
どあい
水上へ
西黒尾根
1700
どあい
1600
中ゴー尾根
天神尾根
西黒沢
谷川岳ロープウェー
1400
熊穴沢ノ頭
1441
避難小屋
熊穴沢
1200
N
天神平
0
1km
高倉山
1449
天神峠
1000

スキーコースの二つのプログラムが組まれている。

夏はバリエーションルートの登攀、冬はアルパインクライミングを中心に行なうエキスパートコースには、二十代から六十歳近くまで、十人ほどの講習生がいる。研修期間は最短で一年。卒業レベルにあると認められた者には卒業認定書が授与されるが、一年間で卒業できる者は皆無。ある程度のレベルに達するまでには、たいてい三年ぐらいかかるという。

このエキスパートコースの登山研修の一環として、三月二十日の山行は計画された。目的は谷川岳一ノ倉沢滝沢本谷登攀。本谷を登り終えて稜線に出たあとは、谷川岳山頂を経由し、その日のうちに天神尾根を下りてくる予定であった。

山行に参加した小林は、エキスパートコースに入って四年ほど。すでに一線級のクライミングができる技量を習得していたというのが、勝野の小林評である。もうひとりの古本は受講を始めてまだ五カ月目。その前に日本アルパインガイド協会の登山学校で二年間、登山技術を学んだが、アルパインクライミングに関してはまだ初心者の域を出ていなかったといっていい。

本稿をまとめるに当たっては、勝野と古本から話を聞いた。小林は仕事の関係で

一ノ倉沢出合に６時過ぎ着。快調にアプローチをかせぐ。正面に一ノ倉沢滝沢本谷が広がる

東京を離れていて新しい連絡先がわからず、残念ながら話を聞くことはできなかった。

登攀前日の三月十九日の夜、三人は勝野の車に乗って東京を出発、夜中の一時ごろに土合駐車場に到着した。車の中で三時間ほど仮眠をとり、四時半にヘッドランプをつけて駐車場を出た。

一ノ倉沢出合には六時過ぎに着いた。すでに夜は明けていて、頭上には快晴の空が広がっていた。前述したとおり、この日の最高気温は例年より十・二度高い十四・二度（十二時）。しかし、四時から七時までの夜明け前後の気温は例年並みの零度以下で、勝野も「朝はそうとう冷え込んでいた」と証言している。

アプローチは快調で、さしたる苦もなく一ノ沢出合、二ノ沢出合と過ぎていき、七時三十分に滝沢下部のデルタに到着。デルタというのは、ちょうど滝沢の出合のあたりで積雪が三角形状に沢を埋めている状態を指す。時期が遅くなれば積雪が解けてぽっかりとシュルント（積雪と岩壁の間にできる隙間）が開いてしまうところだが、このときは一部に小さな隙間ができていただけで、まだシュルントは開いて

7時30分、滝沢下部のデルタに到着。ここで登攀準備をすませて、登攀を開始した。

いなかった。

平らになったところで登攀準備をすませた三人は、七時五十五分、デルタの左肩から取り付いて登攀を開始した。登攀といってもしばらくは傾斜も緩やかなのでロープは出さず、ふつうの雪山を歩くようにピッケルを突きながら雪の斜面を登っていった。最初は小林、古本、勝野の順番で登っていたが、すぐに勝野がトップを代わった。雪の状態はよく、雪に足をとられるようなこともほとんどなかった。

八時十五分、Y字河原と呼ばれる地点に出た。ここからは右へ約四〇メートルほどトラバースして、滝沢本谷の左岸に出ることになる。勝野はこれをノーロープでトラバースしたが、古本と小林はロープを出し、雪の中にバイルを埋めて支点をつくり、スタカットクライミング（ロープでお互い結び合い、ひとりが行動しているときにもうひとりがロープを操作して安全を確保する方法）で通過した。古本が言う。

「ちょっと悪いかなっていうところだったんで、いちおう用心のためにロープを出したんです」

トラバースを終えて本谷の右側の斜面に立ったのが八時四十分。この上、約四十

滝沢本谷を望む。正面にドーム、右手にマッターホルン状岩壁、本谷大滝が見える

五度の斜面を登っていくのに、古本と小林はロープをつけたままコンティニュアスクライミング（ロープを結び合ったまま同時に行動する方法で、万一どちらかが転滑落しそうになったときにはもうひとりがとっさに反応して転滑落を食い止める）で行こうとした。勝野はそれを制してふたりのロープを解かせた。

「コンテの技術っていうのはかなりレベルが高いんです。ひとりが滑落したら、なかなか止められるもんじゃありません。ほかの者もふっ飛んじゃいます。ロープを手に持って行動するから、そのぶん集中力が切れるんです。それよりも、ひとりひとりフリーで慎重に登ったほうが安全なんですよ」

雪崩発生

八時五十分、三人は本谷の大滝下約二〇メートルの地点に達する。大滝は直登していくことも可能だが、上部は垂直に近い壁になっているため、最初から巻いて滝を越えるつもりでいた。そして、実は勝野がいちばん警戒していたのがこの箇所であった。

「ここはちょうど本谷のラインの上に当たるところで、やっぱり雪崩がヤバイんで

トラバース中の古本と確保する小林。トラバースを終え、100 メートルほど登った後に雪崩が発生した

すよ。あと一時間も登ればAルンゼのなかに完全に入っちゃって、もうどうっていうことはなくなるんだけど、ここで雪崩に遭うと逃げ場がありません。だからAルンゼに入るまでが勝負なんです」

雪崩の通り道の上に長居は無用である。もたもたすればするほど、雪崩に遭う危険は高くなる。勝野は休む間も与えずに、「谷の左側のリッジのところまでトラバースしていくように」と、小林と古本に指示を出した。

が、ふたりが渡り終えぬうちに、雪崩は起こってしまった。発生時刻は八時五十五分。朝方までマイナスだった気温は、午前八時には一・八度となり、それが一挙に五・一度に跳ね上がったのがちょうど九時であった。

勝野の指示を受けて、ふたりはトラバースを開始した。先頭は小林で、二番目が古本。そのあとに勝野が続いた。古本は小林よりもわずかに下のほうを歩いていた。積雪は膝ぐらいまでの深さだったが、それほど歩きづらくはなかった。「さっと渡ってあっち側まで行っちゃえば安全だな」と、古本は考えていた。

いちばん最初に雪崩に気づいたのは勝野だった。大滝の左の岩稜の上から、約三〇センチ大の雪のブロックがばらんばらんと降ってきたのだ。

その瞬間、勝野は「あっ、来たぞー」と大声を上げて、バイルを雪面に突き刺した。三人のなかで勝野だけがヘルメットをかぶっていなかったため、ブロックの直撃を受けないように頭も雪の中に突っ込んだ。

ブロック雪崩が落ちていった数秒後、今度は雪崩の本流がドーッという音とともに襲いかかってきた。一瞬のうちにあたりは真っ暗になった。そのなかで、勝野は雪壁からはがされないよう必死になってバイルにしがみついていた。

古本は、勝野の叫び声を聞き、アッと思って首を上げたら、雪の塊がバラバラと落ちてくるのが目に飛び込んできた。即座に雪壁のほうを向いてバイルを打ち込み、体を伏せた。そうしていればやり過ごせるだろうと考えていたが、気がつくと体はいつの間にか雪壁からはがされてしまっていた。

首から背中のあたりにかけて雪のブロックがいくつか当たった感覚はたしかにあったという。が、ブロック雪崩のあとに大きな雪崩が来たという記憶は古本にない。体をはがされたのは、雪のブロックが当たった衝撃で、アイゼンで踏ん張っていた雪の斜面がザッと崩れたからだとばかり思っていた。果たしてブロック雪崩を受けて足元が崩れたのか、あるいは二度目の大きな雪崩に流されたのかはわからないままだ。

雪崩に流されながらも、気持ちは不思議と落ち着いていたという。

「アセッたり怖かったりっていうのはなかったですね。自分では止められると思ってました。止めてから体勢を立て直して、登り返すつもりでいたんです。でも、落ち方がバック転だったたんですよ。後ろに宙返りしちゃっているからピッケルが刺せなくて、さすがに『あ、これはちょっとマズイかな』って思いました。まあ、雪の上を滑っているんで、そのうち止まるんじゃないかとは思ってましたけど、結局、下まで行っちゃいました。流されていた時間は三十秒ぐらいじゃないですかね、たぶん」

ようやく体が停止したときには、頭を雪の中に突っ込み、足と手が雪の上から出ているという状態であった。体が完全に雪の中に埋もれていなかったのが、不幸中の幸いだった。

二度目の雪崩は、五、六秒で収まった。勝野は雪崩に巻き込まれずにすんだ。視界がもどって横を見ると、そこにいるはずの小林と古本の姿が消えていた。あたりを見回してみたが、そばにいないことはすぐにわかった。

どこか遠くのほうから、「大丈夫かあ?」というコールが聞こえてきた。滝沢第三スラブを登っているパーティが雪崩を目撃し、安否を尋ねてきたのだった。だが、ふたりは雪崩に流されてしまったのだ。大丈夫なわけはない。

勝野はコールを返さずに本谷を下っていった。パニックには陥っていなかったし、二次雪崩に対する恐怖もまったく感じなかった。ただただ、「ふたりとも生きていてくれよ」ということだけを願っていた。

デルタの見える位置まで下りたところで、デブリのなかに小林の姿が確認できた。小林は雪の上に座り込んでいた。

「あのときはほんとうにホッとしました。雪崩ビーコンはたぶんつけていたと思いますが、もし埋もれていたら、助かっていたかどうかわかりません」

その場から、勝野は大声で小林に呼びかけた。

「おーい、大丈夫か?」

「すみません。大丈夫ですけど、足が動かないんです」

「フルちゃんは？」

「近くにいると思いますが、どこにいるかはわかりません」

「オーケイ。すぐに行く」

滝沢の取付点まで下降していくと、たまたまデルタ付近にいた墨田山の会のパーティが事故に気づき、小林のところへ駆けつけようとしていた。勝野はまだ見つかっていない古本を捜すためにさらに下り、「おーい、フルちゃん、どこだあ」と叫んだ。するとどこからか、「ここです」という声が上がった。あたりを見回してみると、ごろごろ転がっている雪の塊の間から手が上がるのが見えた。小林が座り込んでいた場所から約三〇メートルほど下ったところに、古本はいた。

「デルタから上が一〇〇メートル、その下が一〇〇メートルで、ちょうど二〇〇メートルぐらい流されたんじゃないかな。デルタの上が開いていたら危なかったんですよ。シュルントの中にスパーンと入っちゃったら、もうどうしようもありませんから」（勝野）

古本が発見されたのが九時二十分。雪崩の発生から二十五分が経過していた。その間、意識は失っていなかったというが、本人にその時間の長さの感覚はない。

「流されてすぐ助けてもらったって思ってました。きっと意識が飛んでいたんですね。でも、勝野さんの声は聞こえたんです。自分では『大丈夫です』って、元気よく答えたつもりだったんですけど、あとで『切れ切れの声だったよ』って言われました（笑）。それにしても、二十分以上も顔が雪の中に埋もれていて、よく息ができましたね。ほんとに雪に突き刺さっちゃったような状態で、自分でなんとかしようと思ったんですけど、全然身動きできませんでした」

勝野によって掘り出された古本は、小林と同様に足を動かせず、またスクリューハーケンかバイルのブレードによるものと思われる裂傷を手と顎に負っていた。古本が足を骨折していることは明らかで、自力で歩くことはとてもできそうにはなかった。勝野はテーピングテープで裂傷の応急処置を行ない、ツエルトを取り出して古本を包み込んだ。

「痛みとかは全然なかったんです。ていうか、どこが痛いのかわかりませんでした。掘り出されたあとも、なんだか寝ぼけているような感じで。ツエルトにくるまれていることはなんとなくわかるんですが、誰がくるんでいるのかわからないんです」

一方の小林も、墨田山の会パーティの三人によって手当てが行なわれ、ツエルトに梱包された。群馬県警へは同会が携帯で連絡を入れ、ヘリによる救助を依頼した。

とりあえずヘリでの収容が可能な平坦地にふたりを移動させるため、ツエルトに包んだままの古本を勝野が、小林を墨田山の会の三人が引っ張って二ノ沢出合付近まで搬送し、ヘリの到着を待った。

ヘリを待っている間に、勝野は暑さを自覚している。十一時現在の気温は九・七度。それが十二時には十四・二度にまで上昇していた。

現場に群馬県の防災ヘリがやってきたのは十一時二十分のこと。ところが、「ここでホバリングによる吊り上げを行なうと、雪崩を誘発する可能性があるのでできない」とスピーカーで告げられ、仕方なくさらに下の一ノ倉沢出合まで搬送することになった。

しかし、その下の谷筋は、烏帽子スラブからのデブリが谷幅をいっぱいに埋め、勝野ひとりでは古本を引っ張ることができない。そこで小林をひとまずその場に置き、先に古本を下ろすことにして、四人で搬送にとりかかった。

運ばれる間のことも、古本はよく覚えていない。

「雪の上を滑っているなっていうのはなんとなくわかるんですけど、包まれていたツエルトの色とかヘリコプターの色とかはよく覚えていないんです。小さいころに交通事故に遭ったことがあるんですが、そのときの感覚と似ていますね。『あっ、轢かれたな』とか、『あっ、救急車で運ばれているんだな』とか。そんなような感じですよね。気は失っていなかったけど、やっぱり意識が飛んでいたんでしょう」

十二時、一ノ倉沢出合まで下ろしたところで、レスキュー用のストレッチャーを持って上がってきた群馬県警谷川岳警備隊の隊員三人に行き合った。そこで古本はストレッチャーに乗せられ、勝野と墨田山の会のひとりが引き続き搬送に当たった。ほかの五人は、上に残してきた小林を運ぶため、再度、谷を登り返していった。

午後一時、一ノ倉沢出合に防災ヘリが飛来してきた。小林と古本はすでにそこまで下ろされていて、ヘリによって山麓の月夜野病院へと搬送された。

命には別状がなかったものの、ふたりともかなりのダメージを体に受けていた。診断結果は、小林が左足大腿骨骨折、古本に至っては骨盤恥骨骨折、右足踝骨折、左足踵粉砕骨折、右手裂傷、顎裂傷という重傷であった。

気温上昇

事故の要因となった雪崩は、沿海州の低気圧に向かって南風が吹き込んで気温が上昇し、雪が緩んだことによって引き起こされた。

山岳気象に詳しく、多数の気象関連の著書がある飯田睦治郎は、この事故について次のように推測している。

「垂直の岩壁には雪がつきにくく、岩肌が露出している箇所がありますよね。冬から春にかけて、ここに直射日光が当たると岩づたいに熱が伝わって雪が解け、底雪崩が起こることがあります。スイスの山々では、これによるチリ雪崩が冬でも多発しているため、早朝にチリ雪崩が見られたら登頂を禁じているくらいです。この遭難の主原因も、岩壁が直射日光に温められたことによるものと考えられます」

たしかに当日撮影された岩壁の写真を見ると、中腹より上部で岩がところどころ露出していることがわかる。この日、群馬県北部には雪崩注意報が発令されていたが、「雪崩の危険は予想できなかったのか」という問いに、勝野はこう答えた。

「ほかの山ならともかく、谷川についていえば、雪崩注意報というのはあまり意味のないことです。そもそもが雪崩の巣みたいなところですし、常に雪崩注意報が出

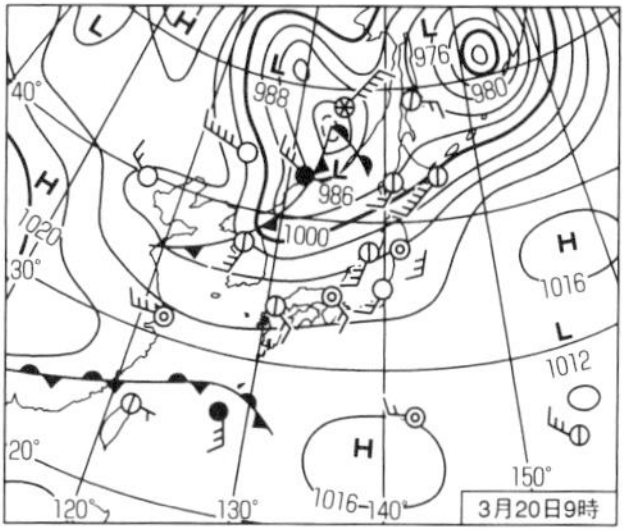

地上天気図①

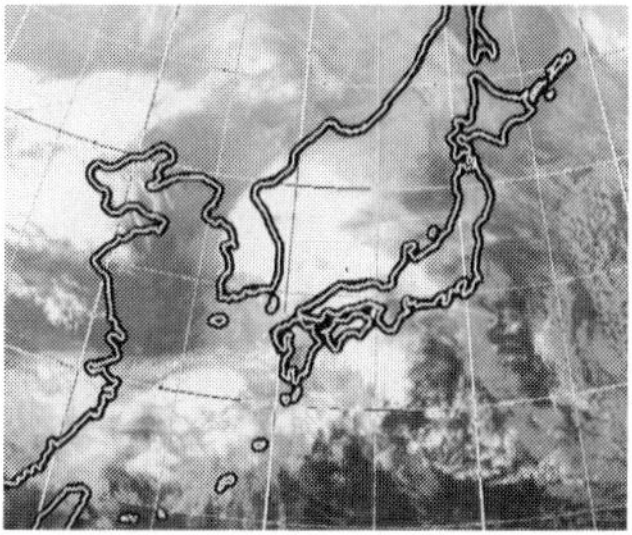

雲の画像①

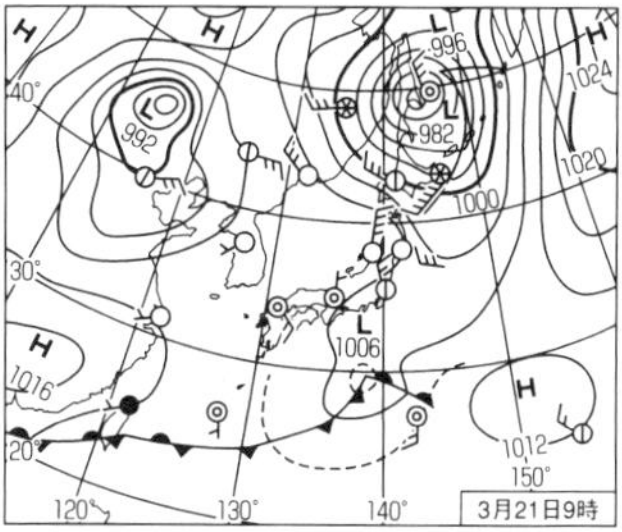

地上天気図②

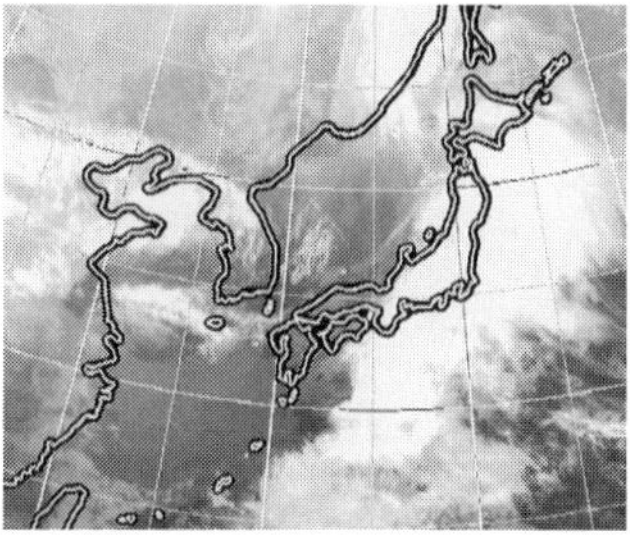

雲の画像②

雲の画像①②を見てほしい。地上天気①②のときのものだ。低気圧の中心から南西に延びる寒冷前線の状態を見ると、前線のなかには発達した雲の塊がいくつか見られる。前線の活動が活発になっているときだ。地上天気図②のように、前線が山岳地帯を通過するときには、吹きつけてくる風が強く、風上に当たる山頂付近の岩場では、エビノシッポなどと言われている樹氷の一種が発達する。一方、風下側の山頂付近ではクライミングカレントと言われている上昇気流が発達し、寒冷前線が通過した山頂付近の岩場が温められ、チリ雪崩が発生しやすくなることを知っておいてほしい。

ていてもおかしくないですからね。要は、クライマーが直感的に雪崩が起こるかどうかを判断するしかないわけです」

三人が行動を開始した夜明け前、気温は例年どおりで、雪の状態はよく、天気も〝信じられないぐらい〟よかった。言うなれば絶好の登攀日和であった。唯一の誤算は、日の出後の気温の急激な上昇を予測できなかったことだった。

「もしほんとうに暖かかったら、『こりゃあヤバイな』ってことでやめていますよ。だけど朝方は冷え込んでいましたし、暑さを初めて感じたのは事故のあとの搬送作業中のことですからね。結局のところ、雪崩の起きそうなときに核心部を通過しようとしたのがマズかったんだと思います。もっと早く核心部を抜けていれば、雪崩に遭わずにすんでいたわけですから。ただ、早く取り付いたからって必ずしも安全とは言えないんですけどね。とくにこのルートの場合、規模が大きいか小さいかの違いで、チリ雪崩みたいなのはしょっちゅう発生しているんです。あのときはもうルートの上のほうには日が当たっちゃっていましたから、よけいにマズかったんですね。とにかく、研修でこのルートを登るのはもうやめることにしました」

一方、古本は事故をこう振り返っている。

「事故に遭った場所がね、雪崩の通り道みたいなところなので、もう少し気を使って上を見ていればよかったなあって思ってます。師匠（注・勝野のこと）に『来た！』って言われるまで、見ていなかったんじゃないかなあ。雪崩に対する警戒心が足りなかったですね。行く前には、このルートは最後にアイスクライミングになるって聞いていたんです。でも、そこまで行けずに事故に遭ってしまって……。ずいぶん長いアプローチだったなっていう感じです（笑）」

事故後、小林と古本はずっと月夜野病院に入院していた。小林は一カ月半ほどで退院していったが、古本が退院できたのはさらにその一カ月あとのことであった。

事故の後遺症は今も残る。寒いときや、長い距離を歩いたときに、骨折した足が痛むのだ。

が、山登りをやめるつもりはない。二〇〇二（平成十四）年六月には日本アルパインガイド協会の登山学校に再入校した。リハビリも兼ねて、クライミングジムにはよく通っている。勝野のスクールにもたまには顔を出す。

事故の前後でなにか心境的な変化があったかと尋ねると、こんな答えが返ってきた。

「以前は、自分が好きでやっていることなんだから、好きなようにやればいいと思っていたんです。たとえなにかあったとしても、自分が痛い思いをすればいいだけじゃん、て。でも、やっぱり自分ひとりの自分じゃありませんよね。もし私がいなくなっちゃったら、たぶん妻なんかすごいショックを受けると思うんですよ。仕事のことにしても、私が入院している間に会社の人のフォローとかは当然あったはずですし。みんなにいろんな迷惑をかけているんですよね。そういうことを考えるようになったのが、いちばん変わったところでしょう。だから、今後はもっと慎重に、もっと入念に準備したり訓練したりして山に行くようにしなきゃいけないなと思ってます」

古本は、ケガが完治したら、再びアルパインクライミングを始めようと思っている。

春・春の嵐　伊那前岳——突風

撮影山行

ジャーナリストの本多勝一は、『リーダーは何をしていたか』（朝日文庫）のなかで、一九七七（昭和五十二）年三月に中央アルプス・将棊頭《しょうぎがしら》山で起こった東京都立航空工業高等専門学校山岳部パーティの遭難事故を検証し、〈稜線は強風で「吹き倒される」ことはあっても、決してホコリのように空中に「吹きとばされ」て死ぬことはない〉と述べている。

が、この事故に関して言えば、遭難者は強風に吹き飛ばされて亡くなったとしか考えられない。断定はできないが、事故当時の状況からして、おそらくその可能性が最も高い。

その日のことは今もよく覚えている。二〇〇二（平成十四）年三月二十一日。とにかく風の強い一日だった。私は東京郊外の高速道路を車で走っていたが、何度も風でハンドルをとられそうになった。大きな川に架かった橋の周辺では河川敷の土が大量に舞い上げられて、まるで煙幕を張ったように見通しがきかなくなっていた。

この強風の影響で、長野県松本市の浅間温泉や千葉県成田市では山火事が発生。東京都武蔵野市の小学校ではグラウンドのバックネットが倒れて児童が下敷きになり、JRは一部路線の運行を一時的に見合わせた。強風によるこれらの被害を、翌日の朝日新聞朝刊は「南風　大暴れ」という見出しで報道していた。

二十一日の強風は局地的なものではなく、全国的な規模で吹き荒れたという。これは、発達した低気圧が大陸から沿海州に進み、この低気圧を目がけて太平洋上にある高気圧から暖かい空気が吹き込んだためである。

ちなみに、春になって最初に吹く強い南風のことを「春一番」と呼んでいるが、四国ではこの日に春一番が記録された。ほかの地域の春一番はこれよりも早く、九州南部で三月五日に、九州北部で三月十日に、関東と北陸では三月十五日にすでに記録されていた。春一番のあとに吹く強い南風は、「春の嵐」などと呼ばれている。

その「春一番」あるいは「春の嵐」が全国に吹き荒れたのが二十一日という日だった。

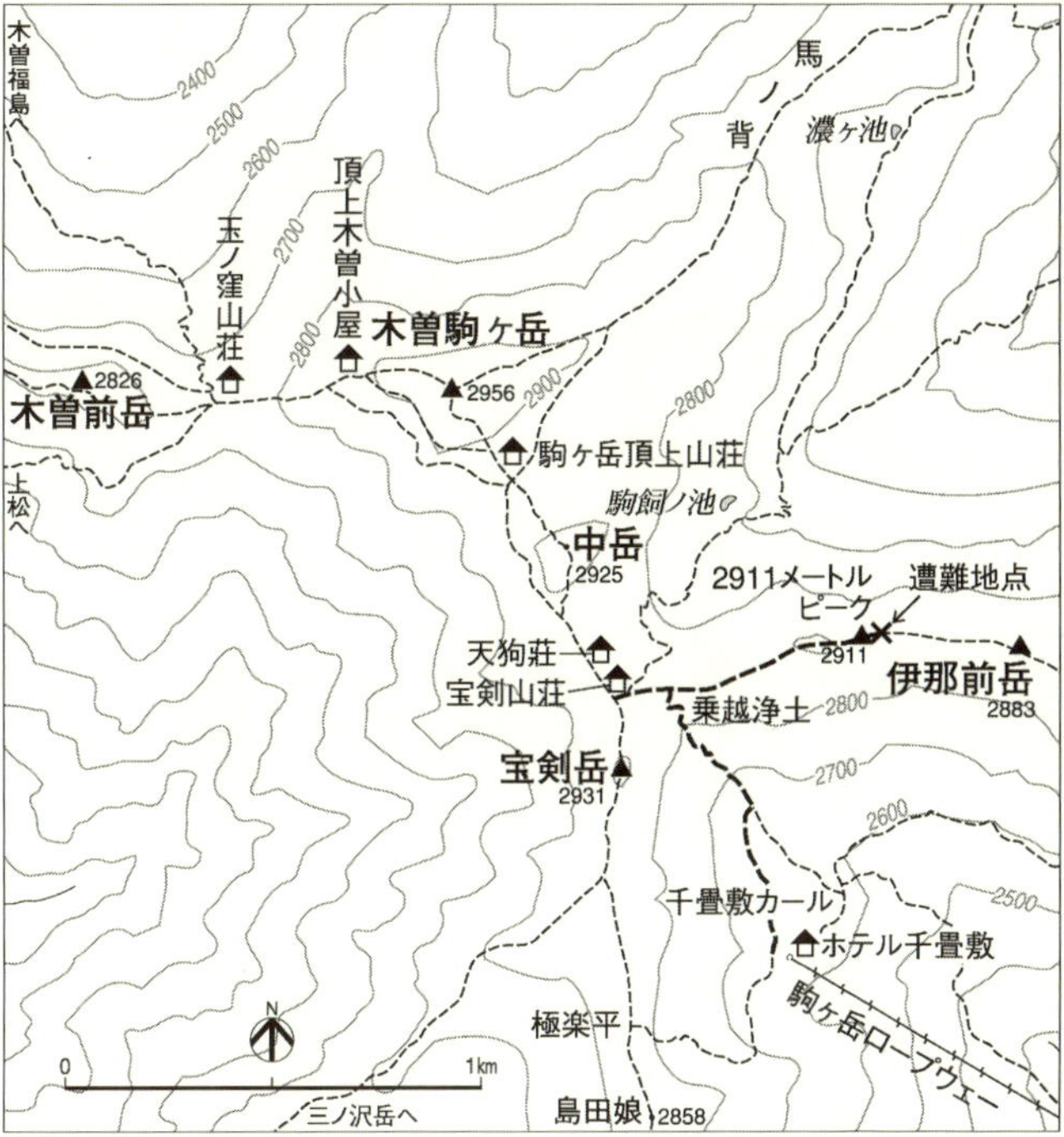

木曽福島へ
2400
2500
2600
2700
2800
2900
玉ノ窪山荘
頂上木曽小屋
木曽駒ヶ岳
馬ノ背
濃ヶ池
2826
木曽前岳
2956
駒ヶ岳頂上山荘
上松へ
駒飼ノ池
中岳
2925
2911メートルピーク
遭難地点
2911
伊那前岳
2883
天狗荘
宝剣山荘
乗越浄土
宝剣岳
2931
千畳敷カール
ホテル千畳敷
駒ヶ岳ロープウェー
極楽平
0
1km
三ノ沢岳へ
島田娘
2858

〈金沢市で午前11時50分に最大瞬間風速35メートルを記録したのを始め、午後11時現在、横浜で28・7メートル、東京都心で24・6メートルなど、全国的に強い南風が吹いた〉（三月二十二日付朝日新聞より）

下界でさえそんな状況だったのだ。ましてや標高三〇〇〇メートル近い山の稜線上がどんなだったか――。

強風が猛威をふるう前日二十日の午前十一時、駒ヶ根市在住の池上好彦（六十二歳）と木下和雄（六十四歳）、写真仲間の吉瀬芳雄（五十一歳）、それに宝剣山荘支配人の吉川覚（五十三歳）の四人が、駒ヶ根高原にある宮田観光ホテルで落ち合った。四人は山岳写真を趣味とする親しい仲間で、それまでに何度も撮影山行をともにしていた。この日、吉川は、小屋の管理業務のため宝剣山荘に登ることになっていた。その作業を手伝いがてら山の写真も撮ろうというのが吉川以外の三人の狙いだった。このような形で四人が山に入るのは、毎年春の彼岸の時期の恒例行事になっていたという。

四人は吉川の車に乗ってしらび平へ向かい、そこから駒ヶ岳ロープウェーを使っ

3月20日午後5時ごろ、木曽駒ヶ岳から、翌日事故のあった伊那前岳方面を撮影した　写真＝池上好彦

て千畳敷に上がった。千畳敷到着は午前十一時五十五分。池上と吉瀬はそのまますぐに準備を整えて宝剣山荘へと登っていったが、吉川と木下はホテル千畳敷の支配人にばったり出くわし、勧められるままホテルで食事をとってから池上と吉瀬のあとを追った。

午後一時三十分、ひと足先に宝剣山荘に着いた池上と吉瀬は、さっそく小屋の入口を塞いでいた雪をどける作業にとりかかり始めた。ふたりに遅れること三十分で吉川と木下も合流。四人で雪かきを行ない、三時にようやく小屋の中に入ることができた。

小屋の中で木下が担ぎ上げてきた大福を食べて一服したのち、池上は夕景を撮影するため木曽駒ヶ岳へ出かけていった。木下は、「今回はあまり写真を撮る気はないんだ。小屋開けのお手伝いが半分よ」と言って、吉川が「もういいからやめようよ」と言うのも聞かずに、さらに夕方五時ごろまで雪かきを続けた。

この日、天気は申し分なく、稜線からは三六〇度のパノラマが広がっていた。日没前に吉瀬と木下は小屋のすぐ先の賽ノ河原まで足を延ばし、夕暮れの山の撮影を行なった。あたりがすっかり闇に包まれた午後七時前、木曽駒ヶ岳での撮影を終えた池上が帰路をたどっていると、木下が途中まで迎えにきてくれていた。

夕食は吉川が用意した。メニューはカレーライスに味噌鍋。ほかに宿泊客はなく、気の合った仲間同士で酒を飲みながらの楽しい夕食だった。このとき、ふだん酒を飲まない木下が「俺にもお酒をくれやい」と言って、珍しく酒を飲んだ。

明日の予定を検討するためにテレビの天気予報をつけてみると、長野県地方には強風警報が出されていて、予報官は「春の嵐」という言葉を何度も口にしていた。だが、午前中いっぱいは天気がもちそうな感じだった。

「明日の天気はどうなるかわからないけど、日の出は期待できそうだね」

「どこで撮影しようか」

「やっぱりいつものところじゃないですか」

いつものところとは、伊那前岳を指す。毎年同じ時期に同じメンバーで来ていたので、三人の撮影ポイントはそれぞれ決まっていた。池上と吉瀬は二九一一メートルピークの手前、木下は二九一一メートルピークを越えたところ。それがお決まりのポイントだった。

風についての話はまったく出なかったという。「明日は風が強いんだな」という認識は四人全員にあったはずだが、警戒心を呼び起こすまでには至っていなかった。

「まあ、明日の朝、起きてみてだな」

そう言って四人は九時十五分に床に就いた。

翌朝、池上と吉瀬は四時三十分に起きた。朝食前に日の出の写真を撮りに行くのがいつものパターンだった。木下は四時に腕時計の目覚ましをセットしていたのだが、起きてはこなかった。三十分後に二回目の目覚ましが鳴ってもまだ布団の中にいた。

これは極めて珍しいことだった。いつも誰よりもいちばん早く起きるのが木下だったからだ。「珍しいなあ。木下さん、起きないよ。よっぽど疲れていたのかなあ」そんな話をしながら池上と吉瀬が支度をしているときに、ようやく木下が起き出してきた。風はすでにかなり強く吹いていた。小屋の揺れを感じるほどの強さだった。三人で「外はやけに風が強そうだな」という話をしながら準備をすませ、五時十分に池上と吉瀬が小屋を出た。その五分後に木下も小屋をあとにした。吉川は、布団の中でうつらうつらしながら、三人が出ていった気配を感じ取っていた。

それから一時間後、あまりの風の強さに撮影を諦めた池上と吉瀬が小屋にもどってきた。しかし、木下はとうとう帰ってこなかった。

木下が山登りを始めたのは、兄・寿男の影響が大きい。個人的な話になるが、木下寿男(六十七歳)とは私も面識がある。彼が『山の軍曹　カールを駆ける』(山と溪谷社刊)という本を出版したときに、その編集作業にかかわったことが縁で知り合ったのだ。

ひとことで言うならば、寿男は中央アルプスの主のような存在である。一九五二(昭和二十七)年、山小屋増設工事を手伝うために入山したのをきっかけに、山小屋の管理人などを勤めながら地元・駒峰山岳会の会員として中央アルプスを舞台に活躍。六七(昭和四十二)年の駒ヶ岳ロープウェーのオープンと同時に中央アルプス観光株式会社に入社し、ホテル千畳敷の支配人として腕を振るうかたわら、中央アルプスにおける遭難救助活動に尽力してきた。九九(平成十一)年の退職後も足繁く中央アルプスに通い、遭難救助活動や自然保護運動における後進のよき指針となっている。決して誇張ではなく、中央アルプスの隅々まで知り尽くしているのが木下寿男という男なのだ。

そんな兄に感化されて、木下和雄は山登りを始めた。兄同様、設立されたばかりの中央アルプス観光株式会社に入社し、以来、定年まで駒ヶ根としらび平を結ぶバスの運転手として勤務してきた。もっとも、兄ほどには山登りにのめり込まず、会社勤めを始めるようになるとしばらくは山とは疎遠になっていたようだ。

山の代わりに和雄が熱中したのが写真だった。その写真もまた、寿男の影響を受けて始めたものだった。寿男は若いころからカメラが好きで、山に登ってはこつこつと写真を撮りためていた。それを見て和雄もまた写真を始めるようになったのだ。

山のアマチュアカメラマンとして本格的な活動を始めたのは、九七（平成九）年に会社を定年退職してからだ。宝剣山荘の吉川がこう言う。

「運転手の仕事をしているときには、たぶん忙しくてあまり山へは行けなかったと思う。でも、退職してからがすごかった。俄然、うちの小屋にも来るようになってね」

とくにここ一、二年の写真への傾倒は目覚ましく、それこそ夢中になって写真を撮っていたという。以下は吉瀬の証言だ。

「去年ぐらいからかな、写真が変わってきてね。コツもつかんだのかな、ほんとにいい写真を撮っていたんです」

一方、和雄の山の技術はというと、寿男によれば「僕から聞きかじりはしていたけど、退職するまでは実際の経験は少なかった」とのことである。それが会社を辞めてから憑かれたように山に通い始めたので、寿男が心配して注意をした。

「僕が腰を痛めて入院したときに筋力が落ちたんで、退院してから毎日朝晩、六〇キロの重さの荷を背負って歩く訓練をしたんです。そういう例を出して、『おまえは山を常時歩いてきたわけじゃないし、ずっとバスを運転していたんだから、まずは体力をつけなきゃダメだよ』っていう話をしました」

兄の忠告を受けた和雄は、山登りの基礎体力をつけるため、砂袋を詰めたザックを背負って毎日、自宅の周辺を歩いて回った。おそらくそうとうハードなトレーニングを積んだのだろう。六十歳を越えた年齢にしては規格外の体力がついた。写真撮影のフィールドも、中央アルプスだけにとどまらず、北アルプスや南アルプスなどへと広がっていった。池上が言う。

「マミヤの五〇〇ミリの大きなレンズがあるんですけど、その重いレンズと重い三脚を甲斐駒まで担ぎ上げるんですよ。信じられない体力です。事故のあった日も、カメラや三脚のほかに白菜やキャベツなどの野菜、大福なんかをザックに入れてきていました。私が木下さんのザックを持ったら、フラフラよろけてしまうぐらい重くてね。その重いザックを引きずるようにして小屋に入れたんです」

撮影山行のときに、和雄はたしかに同行者がびっくりするほどの体力を発揮した。だが、それでも寿男からすれば、まだまだ未熟なように見えた。なにより写真に過熱気味であることが心配だった。だから「お前さんはまだ山というものを知らない。充分に気をつけなければいけないよ」と、何度か口に出して注意もした。

四人が中央アルプスに入山した日、ホテル千畳敷で和雄は寿男と顔を合わせている。千畳敷で行なわれていた映画のロケをサポートするため、寿男は前日から入山していた。ホテルの支配人といっしょに昼食をとった和雄と吉川が玄関でアイゼンを付けていたときに、寿男がふたりに声をかけた。

「たいした話はしていません。いつ下りるんだとか、そんな話です。『兄貴、大福食べるかい?』って言ってポケットから大福を出したんで、『飯を食べたばかりなのに、大福なんか食べられるか』って言って……」

そのときにホテルの新人従業員が、「木下さん、明日の天気はどうなりますか」と聞いてきた。天気予報を見ていたわけではないが、寿男にとっては長年慣れ親しんできた自分の庭のような山であり、空を見ればだいたいの予想はついた。

「明日は今日とはまったく正反対の天気になる。風も強くなって、山は荒れるよ」

そう答えると、従業員は大声で「明日、天気は荒れるって」と言いながら、ホテルの中へ入っていった。

余談になるが、寿男はかなり霊感が強い。山で命を落とす運命にある人がわかるのだという。以前、いっしょに仕事をしたときに、そんな例をいくつも聞いていた。ホテル千畳敷の玄関で和雄と吉川を見送ったときもそうだった。

「弟の体が、ちょっと透けて見えたんです」

イヤな予感がして、寿男は和雄に「気をつけて行ってこいよ」と声をかけた。それが最後の言葉になってしまった。

爆風

三月二十一日の午前五時十分、まず池上と吉瀬が小屋を発ち、五分遅れて木下があとに続いた。池上と吉瀬はカメラと三脚だけを持ったが、木下は撮影機材一式を入れた大きなザックを背負っていた。空には星が瞬いていて、日の出と朝焼けのいい写真が期待できそうだった。風はかなり強く吹いていたが、まだ危険を感じるほどの強さではなかった。

だが、飯田睦治郎は、この時点で危険を察知するべきだったと述べる。

「夜空に星が瞬いて美しく見えるときは、風の強弱に関係なく、冬なら数時間後には猛吹雪に、ほかの季節でも荒れ模様の天気になります。ましてこのときはそうとう強い風が吹いていたのだから、やはり出るべきではなかったと思います」

稜線をたどるうちに、風はますます強くなってきた。そのうちに立ったまま進むのが困難になり、池上と吉瀬はピッケルで耐風姿勢をとりながら、這うようにして撮影ポイントに向かった。

五時三十分、二九一一メートルピーク直下の平坦地でふたりは立ち止まり、撮影ポイントを探し始めた。そこへ木下が追いついてきて、黙ってふたりを追い越していった。一〇メートルほど行ったところで木下は後ろを振り返り、池上になにかを語りかけようとした。

「たぶん『ここまで来い』とか『ここで撮影しろ』とか言おうとしたんだと思います。それで私が『ちょっと待ってよ。今、そこへ行くから』と言ったんですが、その一〇メートルの距離を進むのも必死の思いだったんです。風が強くて」

木下が振り返った場所には、岩がコの字型になっているところがあった。ようやくそこへたどり着いた池上と吉瀬は、まずは安全を確保するために岩陰に入り込んだ。池上がふと見上げると、木下は二九一一メートルピークに向かって稜線を登っていくところだった。木下のいつもの撮影ポイントは、ピークを越えてわずかに下ったところにあった。そこから伊那前岳のラインを入れて日の出を撮るというのが木下の十八番だった。

「だから『あっ、いつものところに木下さんは行くんだな』と思ったんです。でも、なんて言うのかな、木下さんの後ろ姿がまるで天に向かって登っていっているようで、そのまま逝っちゃうんじゃないかなっていう気がしました。今思えば、なにか疲れているような、とても寂しそうな感じの後ろ姿でしたね」

間もなくして、木下はピラミッドのような三角形のピークの向こうに消えていった。

池上と吉瀬は風と格闘しながら岩陰で撮影準備を整え、今まさに昇ろうとしている朝日の撮影を開始した。

そのときだった。突然、爆風のような衝撃を受けて、池上は背中から岩に叩きつけられていた。と同時にガシャーンという音がした。吉瀬のマミヤのカメラと三脚が岩にぶつかってバラバラになった音だった。吉瀬もまた体勢を崩し、池上の目の前の岩にしがみついていた。そのときのことを思い出しながら吉瀬がこう言う。

「あのときは、風がやんだのかなと思った瞬間に、ドーンときた。それまではいろんな方向から絶えず風が吹きつけていたんですけど、突然、千畳敷のほうから爆風のような風がドーンと来たんですよね」

岩に叩きつけられた反動で、池上はすんでのところで千畳敷側へ転落するところだった。もしコの字型になった岩陰に入っていなかったら、間違いなく吹き飛ばされていた。

寿男によれば、二九一一メートルピークのあたりは風が複雑に巻くところなのだという。

「あそこは突風がよく吹くんです。それも、宝剣山荘の裏手からの風と、南側の宝剣岳のほうからの風が巻くような形で来る。だからどっちから風が来るかわからない。背中を押されるような風が吹いているなと思っていても、次の瞬間にはいきな

木下和雄が遭難した2911メートルピーク。木下のいつもの撮影ポイントだった

り反対側からドンと来る。それがピークに近ければ近いほど、まともにドンと来るんです」

爆風のような風に叩きつけられて、池上と吉瀬は初めて危険を感じた。

「おい、写真も命あってのものだわ。逃げるが勝ちだで、逃げろ逃げろ」

そう言いながらふたりは機材をしまい、来た道を引き返し始めた。とはいっても、とてもまともに歩ける状態ではない。アイゼンの爪を雪面に食い込ませるようにして足を踏ん張り、ピッケルをしっかり突き立てても、風に風船があおられるように、フワッと体が浮き上がった。ふたりは耐風姿勢をとりながら、カニの横這いのようにジリジリと少しずつ前進した。池上がひょいと顔を上げると、なんとも言いようのない色に焼けた宝剣の姿が目に入った。それは池上が初めて目にする、すごい光景だった。写真を撮りたいという考えがチラッと脳裏をかすめたが、すぐに打ち消した。とにかく逃げるのが先だった。

六時十分、ふたりは必死の思いで小屋に逃げ帰ってきた。小屋の中に入って、ようやく生きた心地がした。

「木下さんは大丈夫だろうか。心配だ」

「いくら山慣れしている木下さんでも、あんなところにいられるわけがない」

そんなことを話していたときに、吉川が起きてきた。

「あれ？　もう帰ったのかい。木下さんは？」

「いや、まだ帰ってこないんだ。すごい風なんだよ。風っていうより爆風だね。ふたりして岩に叩きつけられたんだから」

「あれはどう考えたって人間がいられる状況じゃないよ」

「なに、大丈夫よ。いつものことよ。先に飯にしよう」

吉川が楽観したのにはワケがある。山で撮影するとき、撮影ポイントをここと決めたらドンと構えて動かず、とことんねばって撮るのが木下のスタイルだった。やはり正月に宝剣山荘に入ったときも、日の出の撮影を終えた池上が七時か八時ごろ小屋にもどってきたのに、木下は九時、十時になっても帰ってこなかった。かなり風が強かったにもかかわらず、そのなかをねばってずっと撮影していたのだ。いつまでたっても帰ってこない木下を待ち切れずに、池上らはひと足先に千畳敷に下りてしまったほどだった。

だから吉川は、このときも悪条件のなかでねばって撮影しているのだろうと考えたのだ。

「俺はそんな深刻には考えていなかった。いつも遅く帰ってきたからね。そのうち帰ってくるからもう少し待ってみよう、っていう感じだったね」

だが、吉瀬はこう言っている。

「正直なところ、俺はもうそのときにヤバイなって思っていた。あれは今まで自分が経験したことのない風だったから。あの風のなかで人間が立っていられるはずがないっていうのは明らかだったからね」

池上もまた木下のことが心配でたまらず、朝食を終えたあと、吉川に「やっぱり心配だからちょっと見てくる」と告げた。それに対して吉川は、「じゃあ八時に池上さんが先に見にいってくれ。それで見つからなかったら、俺が九時に行ってみるから」と答えた。

八時になり、池上は意を決して小屋を出た。食事をとっている間に太陽は雲に隠されていて、風はますます強くなっていた。二九一一メートルピークの上には、雪煙が竜巻状に巻き上がっていた。それを見て逃げ出したい恐怖にかられたが、風で浮き上がる体を懸命に抑えながら、必死の思いでピークを目指した。

3月21日午後5時30分ごろ、強風のなか日の出を撮影したこの日唯一の作品　写真＝池上好彦

しかし、自分たちの撮影ポイントにたどり着いたところで限界だった。飛ばされないように体勢を保っているのが精一杯で、進もうにも進めないのだ。

池上は、その場所から声を限りに「木下さーん、木下さーん」と何度も叫んだ。その声は風の音にたちまちかき消され、虚しさばかりが残った。そこで初めて「こりゃあほんとうにヤバイ」と悟った。なぜか涙がとめどもなく溢れてきた。

飛ぶようにして小屋にもどった池上は、状況が逼迫していることを吉川に訴えた。報告を受けた吉川は、八時五十五分に小屋を出て現場へ向かった。が、やはりふたりの撮影ポイントから先へは進めなくなった。

「たしかに風が前から後ろから吹いていた。こりゃあもしかしたら、って思ったね。もしピークを越えたところで落ちたとしたら、黒川谷のほうへ落ちているだろうと考えて、それじゃあ駒飼ノ池まで行ってみるかと」

いったん小屋にもどった吉川は、「駒飼ノ池のほうへ行って見てくる。遅くなると思うから、あとを頼む」と言って再び外へ出ていった。

駒飼ノ池へ下りていくときにも、ものすごい風が吹いていた。池の下部のあたりを捜し始めたころには雪がパラパラと落ちてきた。

間もなくして、黒川の沢のところに倒れている人間らしきものが目に留まった。双眼鏡でのぞいてみると、黒っぽい物体が横たわっているのが確認できた。それは、いつも木下が着ていた茶色っぽい防寒具に包まれていた。手前のほうにはカメラかレンズのようなものが転がっていた。木下に間違いなかった。

吉川が息せききって宝剣山荘に飛び込んできたのは十時十分のことだった。中に入るなり、「信じたくない。信じたくないものを見てしまった。黒川の沢で、頭を下にして倒れて動かないものを見たんだ。あれは木下さんに間違いない」と声を上げながらアイゼンを片足分だけ外し、さらには「警察だ、警察だ」と叫びながら電話に駆け寄った。かなり気が動転していたのだろう、吉川は吉瀬に「警察は何番だった？」と尋ねてから ダイヤルを回し、一部始終を報告した。

次に連絡を入れたのが、木下の家だった。吉川が「俺はとても奥さんやお兄さんには連絡できない」と言うので、池上が電話を代わった。吉川と寿男は、何度もいっしょに遭難救助を行なってきた仲である。

「『亡くなった』とか『死んだ』とか、それを木下（寿男）さんには言えないもん。言えねえよ、俺には」

和雄の家の電話には妻が出た。彼女は事態をよく把握できないようだった。ようやく寿男の家の電話番号を聞き出して電話をかけると、今度は寿男の妻が出た。彼女は「お父さん、お父さん、和さんが大変だよ」と言って電話を寿男に代わった。池上から事情を聞かされた寿男は、「わかりました」と三回ほど繰り返した。

「状況を聞いて、『ああ、あの絶壁だな。だったらもうダメだ』ということはすぐにわかりました。冬のレスキューなどで、僕はその現場に何十回と入っているんです。地形もすべて頭に入っています。だから、あそこから落ちればダメだっていうのはすぐにわかります」

捜索隊

宝剣山荘からの連絡を受けた駒ヶ根警察署は、ただちに救助隊を編成するとともに、県警ヘリに出動を要請した。しかし、午後十二時ごろになると烈風はさらに強まっていた。おまけに降雪も激しくなり、ガスで視界もほとんどきかない状況だった。

宝剣山荘には、写真の仲間三人が登ってきていた。池上らと小屋で落ち合ってい

木下和雄が発見された、伊那前岳、2911 メートルピーク山頂直下の黒川の沢を見下ろす

っしょに行動することになっていたのだが、もはや撮影どころの話ではなかった。かといって、悪天候のなか、小屋にいる六人にできることはなにもなかった。強風が吹きつける音と、風に飛ばされたエビノシッポが屋根に当たる音を聞きながら、ただ救助隊の到着を待つしかなかった。

十二時過ぎ、その悪天候をついて県警ヘリが現場へ向かって飛び立った。ところが、あまりの強風のため現場まで入ることができず、ヘリでの救助は断念せざるを得なくなった。遭対協の救助隊員と警察官によって組織された救助隊も、強風で駒ヶ岳ロープウェーが運行を見合わせていたため、しらび平で足止めを食っていた。

午後二時ごろになって半ば強引にロープウェーを動かしてもらい、ようやく救助隊が千畳敷に上がってきた。自宅で待機していた寿男は駒ヶ根署に何度も電話を入れ、「千畳敷に着いたら、今日はもうそれ以上行動しないようにしてください」と、再三にわたって念を押していた。行動するには天気が悪すぎたからだ。

しかし、千畳敷に着いた救助隊員は、そのまま宝剣山荘へと登っていってしまった。

「二重遭難だけは絶対に起こしちゃなりませんからね。でもまあ、出発しちゃったものはしょうがない。宝剣山荘に無事着いて、翌日、天気が回復したら行動してくれるだろうと思っていたんですが……」

救助隊の八人が宝剣山荘に到着したときには午後五時五分になっていた。隊員と吉川らはただちに状況分析と救助方針の検討に入った。悪天候のなか、しかも夕闇が迫るなかで救助を行なうかどうかが議論の中心となったが、最終的に副隊長が決定を下した。

「木下さんの生死はまだ確認されていない。また、降雪により遭難場所がわからなくなる恐れもあるので、捜索隊を編成し、ただちに出発する。捜索隊は、隊員三名と、場所がわかっている吉川さんの合計四名。残りの隊員はサポートに当たってもらいたい」

それを聞いていた吉瀬がこう言う。

「あの時期、夕方五時半ていったらもう真っ暗だもん。これから出ていくのかなあっていうのが正直なところだった」

悪条件にもかかわらず出動を決めたのは、やはり「身内」の遭難事故という意識が大きかったからだろう。長年にわたって中央アルプスの遭難救助の第一線で活躍し、今日の中央アルプス地区の救助隊を育て上げてきたのが寿男であった。副隊長自身、寿男とは何度も現場で生死を共にしている。その寿男の弟が遭難したとあって、救助隊員の間に「身内の事故だからなんとかしなければ」という強い気持ちが生じたであろうことは想像に難くない。

だが、救助隊が現場へ向かったという連絡を受けて、寿男はカンカンになって怒った。救助隊は千畳敷に泊まるものだと思っていたら上に登っていってしまい、しかも夕方の悪天候のなかを宝剣山荘から現場へ向かったという。寿男にしてみたら、「自分の身内のことで救助隊員に無茶をさせてしまっている」という責任を痛切に感じていたに違いない。

「ぶっちゃけた話、私は今回の捜索で見つからなくてもいいと思ってました。もちろん、片づけば片づいたに越したことはないんですが、もし見つからないまま打ち切りになったら、私ひとりで捜索するという考えだったんです。勝手知ったところだし、逃げていくわけじゃないですからね。だからよけいに無理はしてほしくなかったんです」

午後五時三十分に小屋を出発した捜索隊の四人は、ところどころに目印のための赤い旗を立てながら一気に下っていき、六時には現場に着いた。木下はやはりこと切れていた。四人は雪に埋まりかけていた遺体を掘り出してシートに梱包し、近くにあったダケカンバの木に固定した。収容は明日、天候が回復してから行なうこととした。

「木下さんを発見。死亡を確認。流されないように処置して引き返す」という連絡が小屋に入ってきたのは六時十分。作業は予想していたよりも早く終わった。このぶんなら四人はすぐにもどってくるだろうと誰もが思っていた。だが、そうは簡単にはいかなかった。

四人が作業を終えて小屋へのルートをたどり始めたとき、あたりはすっかり闇に閉ざされ、猛吹雪とガスで一面ホワイトアウトになっていた。そのなかを四人は手探り状態で進んだ。だが、来るときにつけてきた赤旗がわずかに足りなかったこと、見通しが悪かったことなどが重なり、ルートを見失ってしまったのである。吉川が振り返って言う。

「意識としては、駒飼ノ池の下の分岐、濃ヶ池と沢コースの分岐のほうへ行っているような気がした。で、そっちのほうへ行ったらダメだから、帰る道はもっと左だと。そしたら左に向きすぎた。ああいうホワイトアウトのなかでは、ほんとにちょっと向きを変えただけでも全然違うところに行っちゃうから」

宝剣山荘では、ホワイトアウトのなか、全員が外に出て目印のためのライトを照らし、四人の帰りを待っていた。しかし、待てど暮らせど帰ってこない。しばらくして、ようやく副隊長からの無線連絡が入ってきた。

「今、自分たちがどこに向かっているかわからない。たぶん中岳に向かっていると思う。とにかく稜線を目指す」

その連絡を自宅で受け、「しまった」と思ったのが寿男だった。

「すぐにわかった。中岳に登っている？　そんなバカなことはない。中岳へ行くには駒飼ノ池の岩壁を登らなければならないから、たぶん伊那前岳のほうに入っちゃったんだろうと思った。で、こりゃあ大変なことになるぞと。二重遭難になってもおかしくない状況でした。警察や宝剣山荘に電話しても話し中で全然通じないし。ほんと、自分が出ていって指揮をとりたいくらいだったけど、立場上、成り行きに任すしかありませんでした」

捜索隊からの連絡を受け、小屋にいた者は四人を誘導するため、ありったけのザイルをつなげて中岳方面に延ばし始めた。その作業を手伝ったひとり、池上が言う。

「あれは大変だった。手は冷たくなるし、ザイルは雪でどんどん重くなってくるし、顔は風上のほうに向けられないし」

だが、それでもザイルの長さは足りず、先端は中岳に届いていなかった。そこで、宝剣山荘の柱に結びつけていたザイルの末端をいったん外し、宝剣山荘の先にある天狗荘の柱に固定して再び延ばすことにした。

一方、帰路を見失った四人も雪の急斜面で悪戦苦闘を強いられていた。場所によってはザイルを張り、ユマールを使って登っていかなければならなかった。積もった春の湿雪が雪崩となってズルズル落ちていき、あやうく巻き込まれそうにもなった。ホワイトアウトは相変わらず濃く、足元さえ見えなかった。ライトを照らしても白いベールが目の前に広がるだけで、ただ自分たちのカンだけが頼りだった。

小屋を出るときに、現場を見ている吉川は「そんなに時間はかからないはずだ」とふんでいた。だから装備はなにひとつ持っていかなかった。その吉川を、三人の救助隊員が懸命にフォローして引っぱり上げた。

「震えがくるし、足もつりだすし。こりゃあ動いていなければ絶対にダメになると思った。あのときの心境っていうのは、『絶対にここで死ぬわけにはいかない』っていうそれだけ。とにかく小屋に帰らなければっていう気持ちだけだった。俺たちが死んじゃったら大変なことになると思ってさ。で、ゼリーをひとつもらって食べたの。あれで元気がついたね。ほかの三人がそれなりの装備を持っていたから助かった」

午後九時三十分。やっとの思いで四人は稜線に出た。しかし、出たには出たが、それがどのあたりなのか、そこからどちらへ向かえば小屋に着くのか、まったくわからない。

しばらくあたりを右往左往しているうちに、なにかが吉川の頭にひっかかった。出た場所はちょっとした平坦地になっていた。よくよく考えてみると、その場所になんとなく見覚えがあるような気がした。

「ここを右に行ったら伊那前岳のピーク、それをちょっと下がったところにたしか平べったい岩があったよなと思って、そのとおりに行ったら、まさしくそのとおりだった」

副隊長はすぐに無線で、「ここは間違いなく伊那前岳の稜線です。これから宝剣山荘に向かいます」と連絡を入れた。

午後十時、四人はようやく小屋に帰り着いた。小屋の中に入るなり吉川は「もう死ぬかと思った。あんなところを登ったのは初めてだ」と言ってバッタリ倒れ込み、しばらく起き上がることができなかった。間もなくして、中岳方面へザイルを張っていたサポートの者も次々と小屋にもどってきた。

全員無事帰還という知らせを受け、寿男は自宅でひとり胸をなで下ろしていた。

「二重遭難の一歩手前までいっていましたね。ほんとにギリギリのところでした。途中でビバークをしようという話も出たそうですが、もしビバークしていたら、吉川さんは危なかったでしょうね。たとえ命はあっても、間違いなく凍傷にはなっていたでしょう」

翌二十二日は雪がやみ、朝から曇り空が広がる天候だった。強風もだいぶ収まっていて、小屋からは伊那前岳方面の稜線が見通せた。

収容作業は七時過ぎから行なわれ、七時四十三分には東邦航空のヘリが和雄の遺体を収容した。池上と吉瀬も救助隊の隊員らとともに八時過ぎに小屋をあとにし、千畳敷へと下山していった。

状況から言って、和雄は風に吹き飛ばされたものと思って間違いない。和雄を宙に舞い上げたのは、おそらく池上と吉瀬を岩に叩きつけた爆風であろう。

「風速計を持っていたわけじゃないから、風速何メートルだったかはわからないけど、風で立っていられないという経験は初めてだった。ヘルメットをつけずに一〇〇キロぐらいのスピードでバイクを走らせたような感じ。顔の皮が一方に波打って寄ってしまい、呼吸もまともにできなかった」

事故当時の状況を、吉瀬はそう話す。池上もまた、「岩がコの字型になっているところに入っていたから助かった。あそこにいなかったらダメだったと思う」と言う。

そもそも中央アルプスでは、三月半ばから四月にかけて猛烈な風が吹くことが多いのだそうだ。そのなかでも二九一一メートルピークから伊那前岳にかけての稜線上は、とくに風の強いところだと言われている。しかも、そういうところでは、地形によっては吹き上げ風が発生するのだと、飯田睦治郎は言う。

「山の斜面に強い風が吹きつけると、風下側の斜面で吸い上げる風が発生します。このふたつの風がぶつかり合って生じる強い渦巻きのような風によって、ときに転

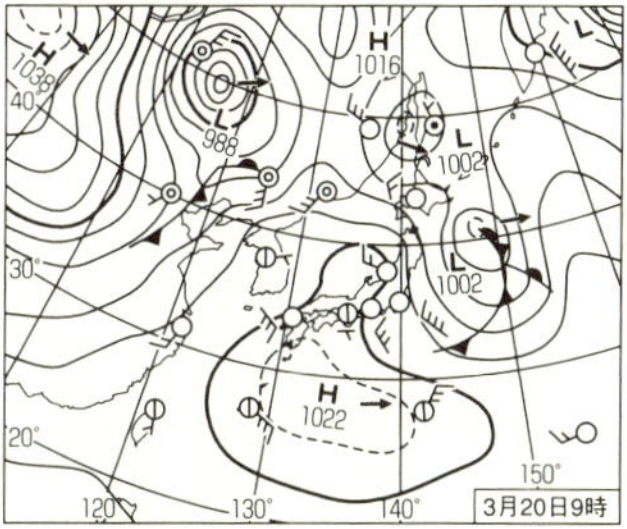

地上天気図①

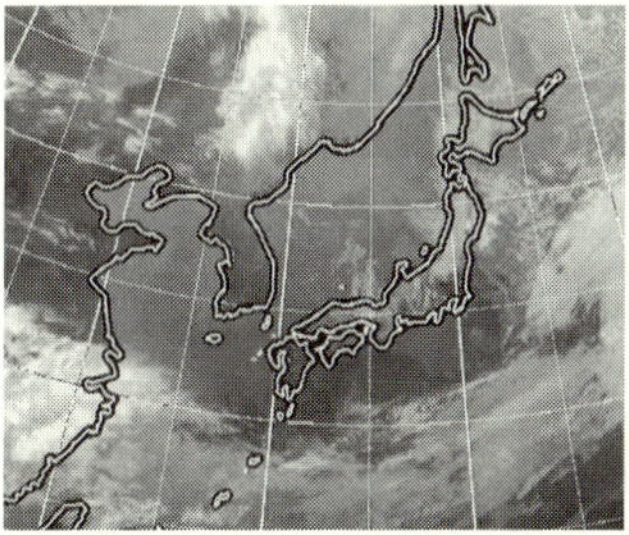

雲の画像①

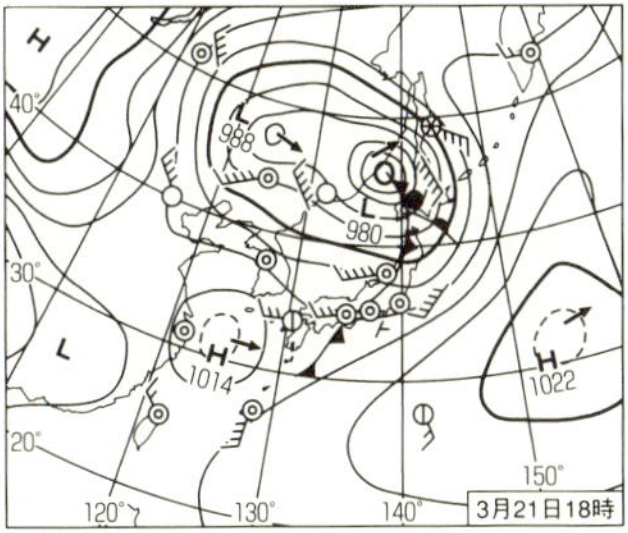

地上天気図②

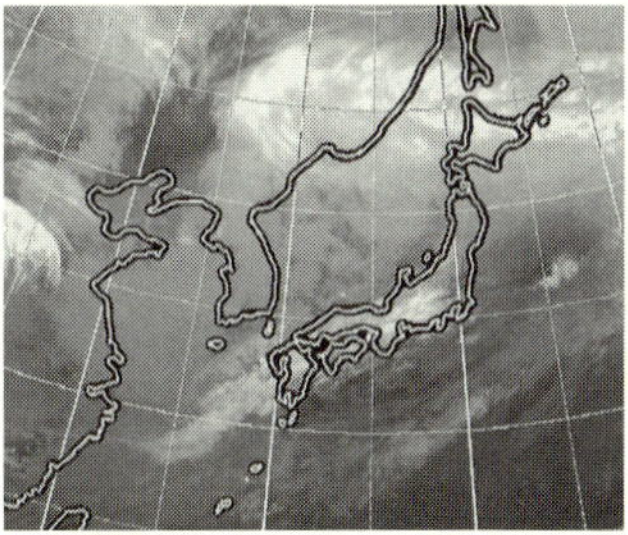

雲の画像②

強い移動性高気圧から吹き出す風と中国東北部の発達した低気圧に吹き込む風の２つの作用で春の嵐となった（雲の画像①）。本州上の寒冷前線が通り過ぎると強い偏西風に変わり、吸い上げ風は千畳敷のほうから上がってくるようになる（雲の画像②）。

滑落の事故が起こることもあります」

それにしても、エベレストやマッキンリーならいざ知らず、日本の山で人間をいとも簡単に舞い上げるほどの強い風が吹くとは、にわかには信じがたい。だが、寿男によれば、カール地形になっている千畳敷ですら、風速一二〇メートルの風が吹いたことがあるのだという。

「僕が千畳敷で越冬しているときだったんですが、三角屋根の上まですっぽり雪で埋まっている小屋が、風でビシビシと揺れましたからね。ジェット機が飛ぶような音がしてね、そのときも竜巻状の雪煙が五つも六つも連続して稜線上に現われてました」

これに匹敵する強い風が、三月二十一日の早朝に吹いたのではないだろうか。そう考えるのがいちばん自然だと思う。なにしろ、池上と吉瀬が身の危険を感じるほどの風だったのだ。風をまともに受ける稜線にいた和雄は、なす術もなかったのだろう。

今、池上と吉瀬が悔やむのは、風に対する注意力が足りなかったということだ。前日、「明日は風が強くなる」と告げる天気予報を全員が見ていたにもかかわらず、

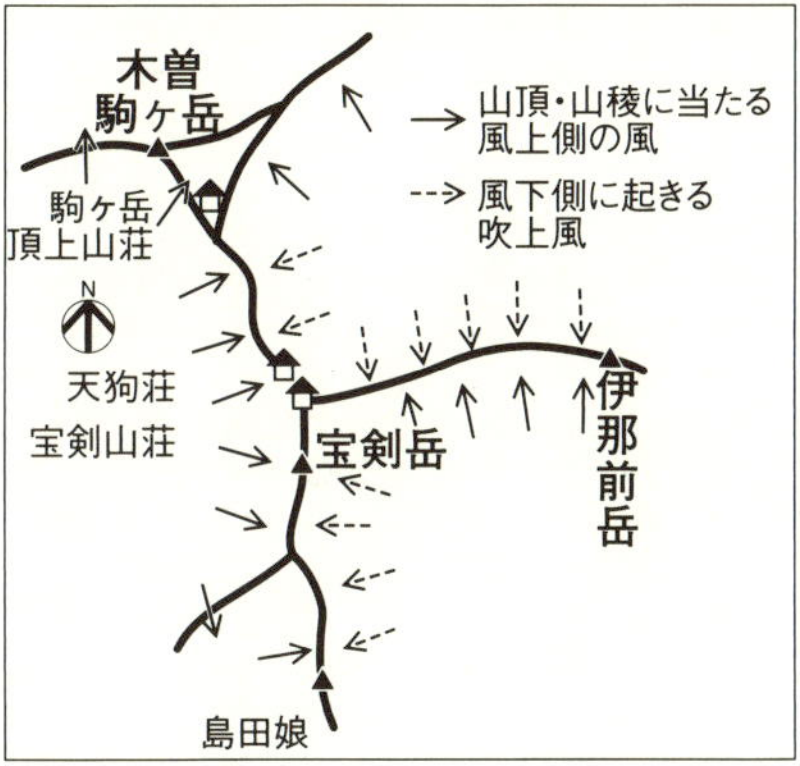

宝剣岳に吹きつける風と吸い上げ風のシミュレーション
強い風が吹いているときは、山に吹きつけてくる風と、風下側の吸い上げてくる風がぶつかり合って強い渦巻きが発生する。富士山の吉田口登山道の八合目や九合目でよく起こっている現象で､転滑落の原因にもなっている。この風の渦巻きが発生・接近してくると、ゴーッという音が聞こえてくるのですぐにわかる。このようなときには即座に身を伏せ、ピッケルなどで耐風姿勢をとってやり過ごすことだ。アンザイレンをしていると全員が転滑落に巻き込まれることになるので、強風時に転滑落の危険のある箇所を通過するときにはアンザイレンをしてはならない。

誰も警告を発しなかった。「山に入ると、期待して見ちゃうようなところがあるんだよね。天気予報を見ても、ついいい方向に考えちゃう」と言うのは吉瀬である。池上も、「朝起きたときも、強風で小屋がミシミシ音を立てて揺れてるような感じだったのに、誰も『風が強いから様子を見よう』とか『撮影場所を変えよう』とか言わなかった」と振り返る。

日の出前に風が強く吹き、日の出とともに収まってくるというのは、山でよくあるパターンである。だが、このときはいつものパターンの強風ではなかった。寿男がこう言う。

「前の日にテレビで警報が出されているから、山ではそうとう風が強くなることは予測できる。だけど、それが徐々に収まってくるのか、逆にどんどん強くなるのかということまで判断する必要がある。たぶんこのときは、低気圧と前線の接近ていうのがみんなの頭になかったと思う。それによって山の天気がどうなるのかってことを読まないと」

前述したとおり、寿男は長年にわたって中央アルプスでの遭難救助活動に携わってきた。時には自分の身の危険も顧みずに現場に向かったこともあった。そのおかげで命を助けられた登山者が、どれだけたくさんいることか。

それだけに、血のつながった弟を山の遭難事故で亡くした心中は、察して余りある。

取材中、寿男は淡々と事故を振り返り、冷徹に事故の原因を分析した。その根底にあるはずの深い悲しみは、とうとう一度も垣間見ることができなかった。

「たとえば同じ場所、同じ時期でも、山の状況は気象条件で全然違ってきちゃう。だから山で自分の安全を確保するためには、まず気象の変化による山の状況の変化に自分の技術で対応できるかが大事になってきます。昔の登山者がいちばん恐れたのは気象ですよ。今の登山者は、気象の変化に対する危機感を全然持っていない。気象の変化から自分の身を自分で守るための危機管理の意識が、間違いなく薄れてきています。今回の事故はその延長線上にあるといっても過言ではないと思います」

遭難事故がもたらす悲劇を幾度となく見てきた山男からの、現代の登山者へのメッセージである。

夏・雷　塩見岳——落雷

ツアー登山

辻寿保（六十一歳）が山登りを再開したのは、定年後の二〇〇一（平成十三）年春のことであった。よくあちこちの山を歩き回っていたのは、学生時代から二十代後半にかけて。三十歳を前にだんだんと山から足が遠のくようになり、いつしか山とはまったく無縁の生活を送るようになっていた。それが六十歳で定年を迎えて自由になる時間ができたことから、楽しみと健康を兼ねて山登りを再開することにしたのだった。

ちょうどそのころ、近畿日本ツーリストが名古屋地区で日本百名山を登るツアーを始めていた。豊明市に住む辻は、山に登るための一手段としてこれを利用することにした。

「とくに百名山を全部登ってやろうという気はないですけど、自分の健康のため、いくつまで登れるかという感じで参加させてもらうことにしたんです。やっぱりこの歳になってひとりで山に行くと、家の者が心配するでしょ。その点、ツアーに参加するということであれば安心しますからね。こういうツアーは、いい点もあれば悪い点もありますけど、われわれみたいな者にとっては、けっこう便利なんです」

参加者には、毎月一回、総合的なツアーの案内が送られてきた。そのなかから自分の都合に合った百名山のツアーを選んでは申し込んだ。申し込むときはいつもひとりだったが、何度か参加しているうちに、「あ、また会いましたね」と挨拶を交わす顔見知りも増えてきた。辻は言う。「こういうツアーのいい点は、いろんな人たちと知り合いになれることでしょうね」と。

二〇〇二（平成十四）年の夏、辻は近畿日本ツーリストの「日本百名山を登る魅惑的な塩見岳」というツアーに申し込んだ。日程は八月一日から三日までの二泊三日。一日目は鳥倉登山口から三伏峠《さんぷく》小屋に入り、二日目に小屋から塩見岳を往復、三日目に塩川へ下山するという計画で、登山レベルは〝上級〟にあたるとパンフレットに記されていた。

申し込み後、ほどなくして大まかな予定や集合場所・時間などを知らせる簡単な案内書と、細かなスケジュール、コースの標高差・歩行距離・歩行時間、服装やパッキングなどについての注意事項、装備表などが書かれた「リトル・アドベンチャー」作成の書類が近畿日本ツーリストから送られてきた。

石川県金沢市に本社を置くリトル・アドベンチャーは、山登りをはじめハイキングやスキー、カヌーなどのツアー、講習、ガイド等を開催している会社である。このほかガイドの派遣も手がけており、名古屋地区で開催される近畿日本ツーリストの百名山ツアーには同社のガイドが派遣されていた。

辻の話によると、ツアーごとの事前ガイダンスは行なわれておらず、ツアー当日、現地へ向かうバスの中でガイドがコースや注意事項について説明するだけだという。「ほんとに簡単なものですよ。この山はこういう山ですよ、とか、注意箇所はここですよ、とか、ゴミを捨てちゃいけませんよ、とか。その程度のものです」

年に数回、近畿日本ツーリストが入っている名古屋駅近くのビルの一室で、ツアー参加者のための机上講習も行なわれるが、これはまったくの初心者に山登りのごく基本的な知識や常識を教えるためのもの。辻は二度顔を出しただけで、「この程度のことなら毎回参加する必要はないだろう」と思い、以後は参加していない。

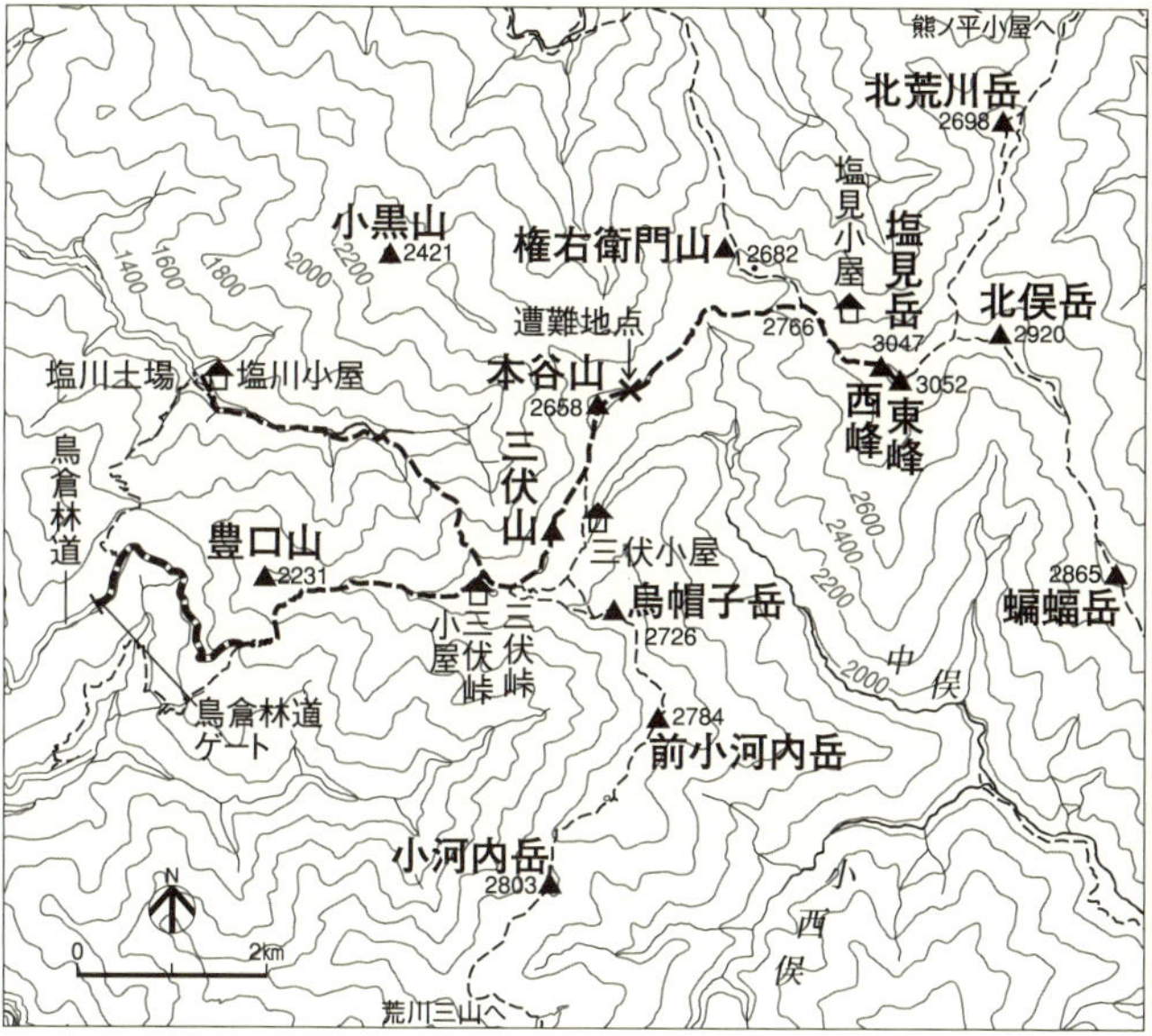
熊ノ平小屋へ
北荒川岳
2698
塩見小屋
塩見岳
3047
北俣岳
2920
小黒山
2421
権右衛門山
2682
2766
遭難地点
本谷山
2658
塩川土場
塩川小屋
西峰
東峰
3052
三伏山
鳥倉林道
豊口山
2231
三伏小屋
2865
蝙蝠岳
鳥帽子岳
2726
三伏小屋
三伏峠
中俣
鳥倉林道ゲート
2784
前小河内岳
小河内岳
2803
小西俣
N
0
2km
荒川三山へ
1400
1600
1800
2000
2200
2600
2400

八月一日の朝七時過ぎ、名古屋駅西口の集合場所には、辻を含め十五人のツアー参加者が集まった。そのなかには見知った顔も多く、「やあやあ、お久しぶり」と再会を喜び合った。見たところ、母親といっしょに参加した女性だけが二十代で、あとはみな五、六十代といったところだった。

同行するガイドは、リトル・アドベンチャーから派遣されてきた中野忠夫（仮名・三十歳）。百名山ツアーで南アルプス方面の山に登るときには、中野の担当になることが多かったという。ほかに近畿日本ツーリストのグループ会社の添乗員（二十六歳）がひとりついた。

一行はチャーターしたバスで七時三十分に名古屋を出発した。車中で昼食の弁当をとり、山麓にある鹿塩温泉の山塩館で中野と合流。山塩館のオーナーは三伏峠小屋と同じで、一行は塩見岳登山後、山塩館でひと風呂浴びることになっていたため、山で使用しない荷物を宿に置いて登山口へと向かった。その間に、バスの中で中野から今回の山行に関する簡単な説明と注意があった。

鳥倉林道の車止めのゲートを出発したのは午後一時。暑いなか、四十分ほど単調な林道をたどり、一時五十分に鳥倉登山口から登山道を登り始めた。アプローチでの天候は晴れだったが、午後になるとガスがかかってきて、空はいつしか薄曇りになっていた。

行動するにあたり、中野は十五人の参加者を四つのグループに分けた。四人のグループが三つと三人のグループがひとつ。その四グループの歩く順番を、休憩ごとに入れ替えた。つまり、四つのグループをＡＢＣＤとすると、まず最初はＡＢＣＤの順番で歩き出し、それが一回目の休憩をとったあとにはＢＣＤＡという順番になり、二回目の休憩後にはＣＤＡＢという順番になるわけである。中野はいちばん先頭につき、最後尾には添乗員がついた。それが、百名山ツアーでのガイドのやり方だった。

「山を歩くときのクセっていうのが個人個人ありますよね。前のほうを歩きたい人はいつも前を歩くし、後ろがいいという人はいつも後ろを歩いているでしょ。そうすると、どうしても列が長くなっちゃったりバラバラになっちゃったりして、ガイドさんが困っちゃうわけです。それを防ぐためにこういう方法をとっているんだと思います。こうすればガイドさんの目が行き届いて、みんなの調子を見ることができますからね。私はなかなかいい方法だと思いますよ」

そう辻が言うように、こうした点で、参加者のこのツアーへの評価はなかなか高かったようだ。実際、このときも中野は参加者の歩くペースや体調などをよくチェックしていたし、それに合わせて休憩をとったりもしていたという。一方の添乗員は、「ふつうのツアー旅行につく、体力のありそうな添乗員っていう感じでしたね。山岳会に入っているとか、とくに山の経験があるというわけではなさそうでした」というのが辻の印象であった。

車止めから三伏峠小屋までの標準コースタイムは三時間四十分である。この区間を、一行は途中で五分〜十五分程度の休憩を四回とり、四時間十五分で歩き通した。バテて遅れる者もなく、極めて順調な行程だった。

落雷

翌二日の朝は、小屋で朝食をとったのち、四時三十五分に出発した。朝霧がかかっていたものの天気はよく、出発時に天候に関するガイドからの注意はとくになかった。歩き出して間もなく、三伏山の手前あたりからは富士山も望めるようになった。

8月2日9時30分ごろ、塩見岳西峰を望む。天候は晴れで、展望はよくきいた

塩見小屋には八時十分に到着した。ここで二十分間の休憩をとり、不要な荷物を小屋に預けて頂上に向かった。しかし、小屋を出て間もなくすると登山道の渋滞に巻き込まれた。先行していた二十人ほどのツアーグループのなかに遅れ気味の者がいて、前がつかえていたのだ。塩見岳西峰の頂上には十時五分に着いたが、途中で二回ほど休憩をとって渋滞が解消するのを待たなければならなかった。

山頂での休憩時間は三十五分。展望を楽しんだり、写真を写したりと、参加者は思い思いの時間を過ごした。このときはまだ天気が崩れる気配はなかった。が、往路をもどり、塩見小屋で弁当の昼食を食べ終えたころにはガスが流れ始めた。

「サーッと曇ってきたと思ったら、もう薄日になってました。風も出始めて、ちょっと寒かったという感じですね。日だまりをさがして食事をしている人もいました」

一行は塩見小屋を十二時五分に出て帰路をたどり始めた。樹林帯のなかの登山道が南に折れてしばらく行ったところで一回目の休憩をとった。時間は十二時五十分。すでに空は一面白い曇り空に変わり、塩見岳の頂上は霞んで見えなくなっていた。

この休憩の前後に、辻は遠雷を二、三回聞いている。そのことを口に出して言う

10時30分ごろ、塩見岳頂上。奥は東峰で、このころはまだ天気が崩れる気配はなかった

者はなかったが、みな内心では気にかけているようだったという。

午後一時三十八分、本谷山の手前五〇〇メートルほどのところに来たときに、雨がポツ、ポツと落ちてきて、中野から「雨具をすぐ出せるようにしておいてください」との指示があった。その雨具を出す間にも雨はパラパラと降るようになり、中野は指示を変えた。

「これは本格的に来そうですね。上だけでも雨具を着ておきましょう」

雨具の上着を着て再び歩き始めた辻は、前を行く志知営一（六十二歳）に言った。

「雷が落ちると怖いから、僕は志知さんのすぐ後ろについていきますね」

辻と同じように、志知も若いころに親しんだ山登りを、五十代になってから再開させていた。日本百名山踏破に目標を置いて山に登り始め、定年後にいよいよ本腰を入れて取り組もうかと思っていたところに始まったのが、近畿日本ツーリストの百名山ツアーだった。辻とはそのツアーで何度か顔を合わせて親しくなっていた。その志知の身長は、辻よりもだいぶ高い。

雨具を出したとき、雨は降り出していたが、雷が鳴っていたという記憶は辻にない。一時間ほど前に二、三度、遠雷を聞いたあとは一度も鳴っていないと思う、と辻は言う。その記憶は志知も同じだ。それでも心のどこかには雷に対する恐怖心があったのだろう、「志知のすぐ後ろについていく」という言葉が無意識のうちに出たのだった。

一行は、上半身だけに雨具を着て歩き出した。しかし、数分もしないうちに雨は本降りに変わり、瞬く間に雨足が激しくなってきた。そこで再び立ち止まって雨具のズボンをはくことにした。時間は一時四十八分。場所は本谷山の手前約二五〇メートルほどのシラビソの林のなかで、ちょっとした広場のようになっているところだった。

辻はザックを下ろし、雨具のズボンを出してはいた。そのときに雷が落ちた。雷鳴があったのかどうかも覚えていない。痛みはなにも感じなかった。ただ記憶だけがそこでぷっつりと途切れていた。

志知は雨具のズボンをはき終わり、しゃがんで登山靴の紐を縛っていた。突然、右足の先端部から五センチほど左の地面にタマゴ大の火の玉が現われたかと思うと同時に右足の親指に痛みが走り、バーンというものすごい轟音が鳴り響いた。それが落雷だということは瞬時にわかった。

「一瞬、『やられた！』と思いました。次の瞬間には『ああ、生きてる』と思って顔を上げたら、みんなその場に倒れていたんです」

腰を折った体勢でいたから、志知は倒れずにすんだ。足の痛みは、言葉で言い表わすのは難しいが、チクッとするような痛みだったという。

倒れていた仲間はすぐに立ち上がってわいわい騒ぎ始めた。が、何人かは起き上がれずに、「痛い、痛い」「足が……。動けない」などと呻き声を上げていた。親子のふたりは母親のほうが倒れたままで、娘が母親にすがりついて「お母さん、お母さん！」と泣き喚いていた。辻は目をうつろに開いたまま倒れていた。呼びかけても返事はなく、「息をしていないのではないか」と志知が思うほどピクリともしなかった。

「現場は樹林帯のなかだったんです。周りにはけっこう大きな木がありましてね。まったく根拠のないことなんだけど、それでなんとなく安心感があったんですね。そこを雷にやられたもんだから、二発目、三発目が来るんじゃないかと、それがいちばん心配でした。で、素人考えで、少しでも低い場所のほうが安全なんじゃないかと思って、『斜面のほうに下りられる人は下りてくれ』って、みんなに声をかけたんです」

ショック状態に陥っていた母親と失神状態の辻は、元気な者二、三人がかりで引きずり下ろした。「痛い、痛い」と呻いていた者は、自力で這いずって下りてきた。まだ倒れている者がいないかとあたりを見回したときに、ようやく中野の姿が目に入った。中野は、倒れて動かない男性に人工呼吸を行なっていた。参加者のひとりが雷に打たれ、呼吸が止まってしまったのだ。

落雷の直後、中野は添乗員に救援を呼んでくるように指示を出し、添乗員は事無きを得たツアー客のひとりを伴って三伏峠小屋へと向かっていった。

志知は中野のそばに寄り、人工呼吸を手伝った。志知が心臓マッサージを担当し、中野がマウス・ツー・マウスで息を吹き込んだ。それまでは雷鳴が聞こえていなかったのに、落雷直後から激しい雷が間断なく周囲の空気を震わせていた。雨足もいっそう強くなっていた。そのなかでふたりは、懸命に人工呼吸をし続けた。

「雷がほんとうにすごかったんです。もう、やられてもしょうがないなと思うしかありませんよね。完全に諦めていましたから、落ち着いたもんでしたよ」

人工呼吸を行なっているときに、下山してきたパーティが何組か通りかかった。そのたびに中野が「救助を手伝ってくれ」と声をかけたのだが、いずれのパーティも尻込みをした。あるパーティは、「われわれ素人ではなんの役にも立たない。かえって足を引っ張るだけだ。救援を頼んであるんだったら、それを待ったほうがいいと思う」と言って立ち去っていった。結局、力を貸してくれるパーティはひとつもなかった。

人工呼吸を始めて三十分経っても、男性は息を吹き返さなかった。志知は内心、「もうダメだろう」と思っていたが、中野は「あともうちょっと」と言いながら人工呼吸を続けた。志知は途中で心臓マッサージをほかの者に代わってもらい、雷に打たれて手足の自由がきかなくなっていた男性のサポートに回った。

結局、三時ごろまで人工呼吸を続けたが、努力は実らなかった。のちにわかったことだが、男性は雷撃傷により即死状態だったという。

そのころにはすでに雷鳴は遠ざかり、雨も小降りになっていた。斜面の下に避難していた者は、雨に濡れたままジッとしていたのですっかり体が冷え切ってしまい、歯の根が合わなくなっていた。

天候が回復に向かっているのを見て、中野はとりあえず自力で歩ける者にひと足先に小屋へ向かうようにと告げた。志知は、なにか手伝えることがあれとば思ってその場に残った。辻は、意識はとりもどしていたが、うつろな目をしてまだボーッとしているような状態だったので、もうしばらく休ませておくことにした。

中野の指示に従い、八人の者が三伏峠小屋に向けて下山を始めた。この八人は、途中で行き合った登山者が先導役を買ってくれ、無事、小屋にたどり着くことができた。

落雷現場

気がついてみると、木々の梢越しの空が目に飛び込んできた。引きずられていたような記憶はかすかにある。ツアーに参加していたひとりが声をかけてくれていた感覚もなんとなく残っている。だが、いったいなにが起こったのか、辻にはまったく理解できなかった。

「漫才なんかでよくありますよね、『ここはどこ？　私はだれ？』っていうのが。あれと同じです。どうして自分がここでこうしているのか、さっぱりわかりませんでした。しばらく考えていて、起き上がろうとしたんだけど、手足が動かなかったんです。それでまたしばらくじーっとしていました」

そのうちに志知がそばに来て、「どう？　立てる？」と声をかけてきた。手を借りて起き上がってみると、どうにか立つことはできた。しかし、体全体がだるく、まだしびれているような感じだった。志知の肩を借りてゆっくりと斜面を上がり、登山道に出て足踏みをし、何度か行ったり来たりしてみた。

「で、なんとか歩けそうだなと思ったんです。雷に打たれたということは、志知さんに教えてもらって初めて知りました。だから、私には恐怖心もなにもないわけです。気がついたら、事は全部終わっていたんですから」

雨はあがって曇り空が広がり、雷鳴ももう聞こえなくなっていた。辻がどうやら自力で歩けそうだったので、死亡した男性の妻と、サポートのため残っていた男性ふたりの計四人が三時二十分ごろに現場を離れ、小屋へと向かった。男性の妻は「ずっとそばについていたい」と言い張ったが、中野が「ひとまず小屋まで下りてください」と説き伏せた。中野と志知のふたりは現場に残って救助隊の到着を待った。

落雷に遭ったのが午後一時五十分ごろ。三伏峠小屋まで一時間三十分かかったとして、添乗員が小屋に着いて救援を要請するのがだいたい三時三十分。それから救援が駆けつけるとしても、夕方五時ぐらいになってしまうだろうと、ふたりは話していた。

だったら救援を待つ間にもう一度、現場をよく見て記録しておこうと志知が提案した。

雷が落ちたのは、直径約四〇センチ、高さ六〜七メートルの枯れ木であった。落雷によって、木には爆発したようなすり鉢状の穴が二カ所にあき、木片があたりに飛び散っていた。その木から五〇センチほど離れたところに亡くなった男性が立っていた。辻は木から約一メートル三〇センチほど離れたところで雨具のズボンをはいていた。

立木などに落ちた雷の電流が、その周りにいる人に再放電して流入する現象を「側撃」という。側撃が起こるのは、木よりも人体のほうが電流が流れやすいからだ。このときも、木から周囲にいた数人に側撃が起こり、大小の傷害を与えた。その際、木のいちばん近くにいた男性には多量の電気が流れ込んで命を落とす結果になった。

落雷の前、参加者のひとりは、この枯れ木にストックを立て掛けて雨具を着用していた。ズボンをはき終わり、ストックをとろうとして手を伸ばしたときに雷が落ちた。その瞬間、男性は跳ね飛ばされ、「ああ、俺はこれで死ぬんだ」と思ったそうだ。そのストックは、木製のグリップのところが縦半分に割れていた。

ふたりだけが残った現場で、枯れ木の落雷箇所や、亡くなった男性が立っていた場所などを確認し、志知がモデルになってそれらを中野がカメラに収めた。

「そのときに、彼がぽつりと亡くなった方の名前を言って『ごめんなさい』と泣き出したんです。僕は慰めのつもりで『自分をあまり責めないほうがいいよ』って言ったんですけど……」

辻らを見送って二、三十分ほど経ったころ、時間にして午後四時前、男性の遺体のそばに座ってふたりで話をしていたときに、遠くのほうからヘリの音が聞こえてきた。ヘリは三伏峠のほうから姿を現わした。ふたりは現場から二〇メートルほど離れた見晴らしのきく場所まで行き、雨具を振りかざして合図を送った。ヘリはすぐに気づいてくれて、ふたりの頭上に飛んできた。ヘリからワイヤーが吊り下げら

落雷の現場。中央の直径 40 センチ、高さ 6 ～ 7 メートルの枯れ木に落ちた

れ、三人の救助隊員が次々と下りてきた。彼らは志知と中野に言った。

「あとはわれわれがやりますから」

だったら、みんなが小屋で待っているだろうから、と言って、志知は中野を先に送り出した。志知も十分ほどでザックの荷づくろいをすませ、四時二十八分、中野のあとを追った。

志知が現場を離れるとき、救助隊員は男性の遺体を担架に乗せてヘリに収容しようとしているところだったが、わずか十分ほどの間にガスがかかってきてしまい、ヘリはもう現場に近づけなくなっていた。しばらくヘリは現場付近の上空をグルグル回っていたが、途中で志知が振り返ってみると、作業を終えた救助隊員を本谷山の頂上で収容しているのが確認できた。

志知が三伏峠小屋に到着したのは夕方の五時十分。ひと足先に下っていた辻も、無事、小屋に着いていた。辻はまあまあ元気そうな様子だったが、顔色はひどく悪かった。腕から足にかけて雷に打たれた男性は、腕がパンパンに腫れ上がっていて、足も赤く変色していた。一時的に気を失っていた女性の様子もあまり優れないようだった。

当初は、被害者を病院へ搬送するため、ヘリが来てくれるという話になっていた。それが一度は「視界が悪くて今日は来られない」ということになったのだが、みんなで夕食をとっていたところに再び「来ることになった」という知らせが入ってきた。

午後六時ごろ、夕闇の迫るなかを二機のヘリが飛んできて、前述の三人と、死亡した男性の妻を病院へ搬送していった。残った者は小屋に一泊し、翌朝、塩川へ下山。塩川小屋からバスに乗って飯田警察署に運ばれ、全員が事情聴取を受けた。このときに志知らは病院の医師の伝言を知らされた。

「雷が体内に入ると、組織の損傷と神経の損傷が起こる。組織の損傷はすぐ反応が現われるが、神経の損傷は一週間ぐらい経ってから出ることもある。なにか異常を感じたら、すぐ病院へ行って手当てを受けるように」

という内容の伝言だった。

志知は落雷の瞬間、右足の親指に痛みを覚えた。目に見える形での外傷はなかったが、翌日になると足全体にしびれが広がっていた。足のしびれは、今も治っていない。

一方、飯田市内の病院に搬送された辻は、ただちに集中治療室に運び込まれた。服を脱いでみると、電流が枝分かれして流れたあとが赤く胸の皮膚に印されていた。頭頂部の髪の毛も焦げていた。あとで調べてみると、落雷時に身につけていた雨具はフードの真上に穴があき、フードの下にかぶっていた帽子の金属のハトメもとれてなくなっていて、その周りの生地が裂けていた。雨具の上腕のところにも穴が三カ所。靴下にも小さな穴がいくつもあいていて、足には火傷が生じていた。

辻の場合、雷の電流は頭と腕の二カ所から入り、足から抜けたと考えられた。辻の体をひととおりチェックし終えた医者は、「あなた、よく生きてましたね」と言った。

「体内に電流が流れると、体の内部が損傷します。それを再生しようとする際に腎臓に負担がかかって腎不全に陥ります。そのほか白内障になる可能性もあり、神経障害もあとに残ります。とりあえずは腎臓の治療をすることにしましょう」

そんなような説明を受けたのち、四日間、入院して治療を受けた。名古屋に帰ってきたころから、胸の筋肉が痛み出した。それは寝返りをうつのも困難なほどの痛さで、さらにセキやくしゃみをすると、背中をドンと叩かれたときのように息が詰まった。また、下半身がだるく、足がもつれるようになった。踏ん張りがきかず、下り坂などで膝がカクンと折れてしまうのである。さらに血圧も異常に高くなった。

「それが主な後遺症です。名古屋でも病院に通っていましたが、胸の筋肉の痛みと高血圧は二週間ぐらい、膝がカクンとなるのは二カ月ぐらい続きましたね」

雷注意報

事故から二カ月ほどが経過した十月中旬、「現場検証を行ないたい」という警察からの要請を受け、辻は再び現場へ赴いた。辻のほかにガイドの中野、リトル・アドベンチャーの代表取締役、それに近畿日本ツーリストの社員が立ち会った。

改めて現場を見てみると、そこは本谷山の頂上から二〇メートルほど低いだけで、頂上の一角のように見えないこともなかった。志知は事故当時のことを、「あのとき、現場一帯は雷雲に覆われていて、われわれはまさに雷雲のなかにいた」と言っていたが、辻も志知の見解に同意する。

「だからね、私の考えとしては、結果論的に言えばいちばん最初に雷の音を二、三回聞いたあと、われわれは雷に打たれやすい方向へ方向へと行動していったような気がしてならない。そのことに気がついていたかいなかったかという話は別にしてね」

事故遭遇後のガイドの対応については、辻は失神状態だったため一部始終を見ていたわけではないが、「山での落雷事故のケーススタディが非常に少ないので、経験不足だったということは言えるかもしれない。しかし判断が適切じゃなかったというような言い方は簡単にはできないと思う」と述べている。これに対し、志知の見方は次のとおりだ。

「彼は、ほんの一パーセントに望みを託して人工呼吸をやっていたわけですよね。やりながら、『混乱しちゃってどうしていいのかわからない』って言ったりしていました。ものすごく動転していたと思うんです。でも、そのことにかかりっきりになって、ほかの者がほったらかしになっていたのは、ある程度はしょうがないと思います。添乗員は救援要請に向かわせていたから、全体を見られるのは彼しかいないわけです。でも、やはり蘇生が第一優先でしょう。それにいちばんのエネルギーを注いだのは、仕方ないんじゃないかかな」

辻も志知も、現場での対応はおおむね適切だったのでは、というようなニュアンスのことを言っている。だが一方で、中野が事前に天気予報をチェックして参加者に知らせなかったことを辻は問題視する。

「あの日、雷注意報が出ていたなんて話は、あとから聞いたんです。それを知っていたら、あるいは結果も違っていたような気がするんです」

辻が言うように、長野地方気象台は八月二日の午前十一時に、長野県全域に雷注意報を発令している。もっともその時間、一行は塩見岳の山頂から下山しようとしていたところだった。携帯電話で天気予報を聞くか（携帯電話が通じればの話だが）、ラジオでもつけっぱなしにしておく以外に、雷注意報が発令されたことを知る術はない。

しかし、実は前日の午後五時十五分には長野県全域に雷注意報が発令されている。事故当日の午前九時十五分にも、長野県北部への雷注意報の発令があった。もしこうした情報を入手していれば、雷が起きやすい状況だったことはある程度推測できたことと思う。

なにより、長野地方気象台が八月一日の午後五時に発表した翌日の天気予報では、「長野県南部は昼前からところにより一時雨か雷雨」とはっきり告げていた。翌二

写真①

写真②

写真③

右ページ写真
南の空に厚みのある巻層雲や、層積雲の断面の一部が見られる（写真①）。このような空模様のときには雷が発生するものと思って注意していると、写真②のように空全体が薄い雲に覆われてきて、下層には薄い層雲などが見られるようになる。時間が経つに従い、雲が山肌に沿って上昇してきたり（写真③）、湧き出してきた雲によって視界がきかなくなったりする。こうなると、いつ雷が起こっても不思議ではない。雷鳴が聞こえてきたり、雨がポッポッと降ってきた時点で、早急に雷への対処を行なうことだ。

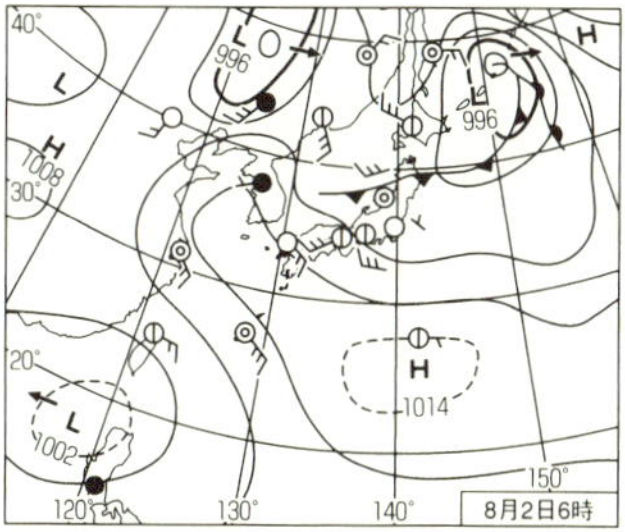

地上天気図①

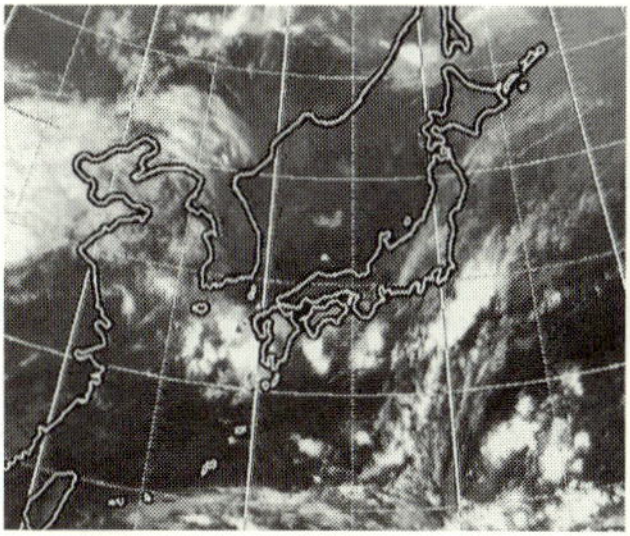
雲の画像①

雷は、日本付近に前線があるときに必ずどこかで発生する（地上天気図①）。とくに南アルプス南部は雷が発生しやすいエリアなので、雲の変化に注意する必要がある。この日の雲の画像を見ると、午前９時だというのに、本州南岸沿いにもくもくとした雷雲がいくつか発生しているのが一目瞭然である。

日の朝五時にも、「長野県南部は昼過ぎから雨または雷雨」という天気予報が発表されているのである。一行は朝四時三十五分に小屋を出発しているので、当日の天気予報は聞いていない。だが、少なくとも一日夕方の天気予報については、ラジオや携帯電話を持っていれば前日のうちにチェックできた。そしてもしそれがチェックできていたなら、「翌日は雷に要注意」ということが自明の理となっていたはずである。

中野がラジオや携帯電話を携行していたのかどうかはわからない。天気予報をどこまでチェックしていたのかも不明のままだ。だが、事故当日の出発前に、あるいは前日のうちに、中野から天候や雷に関する注意はいっさいなかったと、辻と志知は口をそろえる。

また、たとえ天気予報を聞いていなくても、観天望気によって雷の発生を予知できたのではと、飯田睦治郎は言う。

「雲の見方を知らなかったこと、急にパラパラと降ってきた雨がなにを意味しているのか知らなかったことが、この事故の原因だと思います」

塩見岳の頂上で、志知は中野に「天気がいいから、ちょっと昼寝でもしていこうよ」と話を持ちかけた。それに対して中野は、「小屋に帰るまでまだ五時間ぐらいかかりますから、先を急ぎましょう」と答えた。

「結果論で言えば、頂上で十分でも二十分でも昼寝をしていればよかったな、と。実際、われわれが事故に遭ったあとに、何組かのパーティが無事にあそこを通過していってるんですから」

この事故を本書で取り上げるにあたり、もちろんリトル・アドベンチャーにも取材を申し込んだ。しかし、取材は受けてもらえなかった。

余談になるが、落雷の原因は参加者のひとりが木に立て掛けていたストックにあるのではないかと、志知は睨んでいた。前述したとおり、そのストックは落雷を受けて木製のグリップが真っ二つに割れてしまっていた。志知がストックを手に取って見ると、グリップがついていたほうのポールの先端部が尖ったネジ山になっていた。

かつて、志知は仕事の関係で長年の間、高電圧実験を行なっていて、放電については人並み以上に詳しかった。その志知がこう言う。

「周りにもっと高い木があるにもかかわらず、なぜあの木に雷が落ちなければいけなかったのか。特異なものといったら、そのストックか、人間が周りにいたということしかないんですよ。そもそも金属というのはものすごく早く放電を始めるし、それが突起のあるなしで全然違ってくるんです。で、あのときは雷の高い電圧でストックのネジ山の突起が早くから放電を始め、それが落雷の誘因になった可能性が高いんじゃないかと。だからストックはものすごく危険だなと僕は感じました。考えてみれば避雷針のようなものですからね。歩いているときは持っているし、持っていないときはリュックに立てているし。もちろんこれは僕の個人的な意見なんですけど、それが正しいのか間違っているのか、専門家の方はちゃんと実験して登山者のみなさんに伝えてほしいですね」

そこで、この件について、長年にわたって雷放電の研究に携わってきた理学博士の北川信一郎に尋ねてみると、以下のような書簡での返事をもらった。

「高い電圧がかかっている空気中に金属片があると、金属片の尖った先から放電が始まり、しばしば火花放電が起きるきっかけになります。金属にはこのような特性があるので、人体への落雷の研究では、人体が身につける金属の作用が特に詳しく調べられました。長年の研究結果、『金属は身体より高く突き出ていなければ、落雷を呼び込む作用はない』という結果が得られているので、次のような安全対策の答えが出され、志知氏の見解は取り上げられていません」

ここで北川が言う「次のような安全対策の答え」とは、「雷から避難するときは、金属を身につけていても差し支えない。ただし、洋傘をさしたり、ピッケルが頭より高く突き出ていたりすると落雷を受けやすくなる。金属、非金属にかかわらず、持ち物を身体より高く突き出さない注意が大切だ」ということを指している。

このような結論は、北川らによる、人体が身につける金属の作用を調べる模擬実験と、落雷事故の実地検証から導かれた。実験では、電流の流れ方が人体と同じ二つの模擬人体を用意。一方にはヘアピンやネックレスやベルトのバックル等の金属をつけ、もう一方にはなにも金属をつけずに並べて置き、さまざまな条件下で何度も人工的に火花放電を飛ばし、どちらに多く放電が飛ぶかを調べた。その結果、放電が飛ぶ回数はほぼ同じで、金属をつけているからといって放電が飛びやすくなるということは認められなかったという。

また、北川らの研究グループは七十二例におよぶ落雷事故を検証したが、肩から上に金属をつけていなくて落雷の直撃を受けたのが十五ケース、金属を身につけていて直撃を受けたのは九ケースだった。

では、なぜストックを立てかけた木に雷が落ちたのかということになるが、その原因を解明することは困難だと、北川は言う。

「木の形、林全体の形、付近の地形、雷雲の経路等を調べれば、ある程度の手がかりは得られます。しかし、この雷の前駆放電の先端がこの木に近づき、この木から迎え放電を引き出す機構を正確に解明することは不可能と考えなければなりません」

とすれば、塩見岳のツアー登山の一行が落雷に遭ったのは不運だったと言うしかない。しかし、天気予報で雷の危険を察知することはできたはずだし、事故の直前には雷の兆候がはっきりとあった。だったら、なんらかの回避の手段が講じられたのではないだろうか。また、落雷現場はちょっとした広場のようになっていたという。もし、ガイドに雷に対する知識があり、みんなが立木からなるべく離れた場所で雨具を着ていたら、被害は最小限に抑えられていたかもしれない。

山での雷の恐ろしさは、理屈としては誰もが承知しているが、「まさか自分たちには落ちないだろう」と思っている登山者が多いのも事実だ。一時、山での落雷事故は減少傾向にあったが、近年はまた毎年のように起きるようになっている。雷が発生したときに山を歩いていれば、次の一撃があなたに落ちてきてもまったく不思議ではない。登山者はもっと雷に注意を払うべきであろう。

山で落雷事故に遭わないようにするには、雷の発生を予知して逃げるのがいちばんだ。そのためにも山行中には毎朝毎晩、天気予報をチェックし、行動中には観天望気に注意を払うようにしたいものである。

夏・台風　トムラウシ山――低体温症

自主山行

このケースでは、愛知県の女性四人のパーティと福岡県の男女八人のパーティがほぼ同時に遭難し、それぞれ一名ずつ死者を出している。取材に当たっては、それぞれのパーティから話を聞こうとしてアポイントをとろうとしたが、愛知の女性三人からは断わりの返事があり、福岡パーティのリーダーからはまったく音沙汰がなかった。

ただ、愛知のパーティに関しては、四人が所属していた山の会の会長と亡くなった方の遺族に話を聞くことができた。最終的にはそのインタビューと報道資料で記事をまとめるしかないかな、と思っていたところへ、女性三人のうちのふたりから「取材をお受けしてもいい」との連絡が入った。亡くなった方の夫が、「こういう事故を繰り返さないためにも取材に応じてあげてくれないか」と説得してくれたようだった。もうひとりの女性も、お会いして話をすることはできなかったが、電話で話をすることはできた。

一方、福岡のパーティに関しては、まったく進展が見られなかった。このパーティは地元の登山ガイドが企画したツアー登山だったので、なにはともあれガイドに話を聞こうと思って連絡をとろうとした。しかし、手紙を出しても返事はなく、電話をかけてもいつも不在だった。電話に出た家人に「連絡がほしい」と再三伝えたが、とうとう連絡はなかった。仕方なく、参加者のうち連絡先がわかった三人に取材を申し込み、ふたりには断わられた（ひとりは電話で二、三の質問には答えてくれた）。もうひとりはガイドとまったく同じ対応だった。

というわけで、福岡パーティの関係者からは話を聞いていない。よって本稿は、愛知パーティの女性ふたりからのインタビューを中心にしてまとめたものであることを、最初にお断わりしておく。

二〇〇二（平成十四）年七月八日の午前九時五十分、葛西あき子（五十九歳）、弓削美与子（六十二歳）、加藤啓子（五十三歳）、谷口秀子（六十二歳）の四人は名

古屋駅の新幹線改札口に集合した。四人の目的地は北海道・大雪山。旭岳から白雲岳、平ヶ岳、五色岳、化雲岳を経てトムラウシ山へ縦走するという、リーダー格の葛西がかねてからあたためていたプランを、いよいよ実行する日がやってきたのだった。

四人はいずれも「ふわく山の会」の会員で、会の活動を通して知り合った。ふわく山の会は、四十歳以上の中高年を対象にした、名古屋に拠点を置く山の会である。創立は一九七九（昭和五十四）年だから、ちょうど中高年登山ブームのはしりのころだ。設立当時、四十三人だった会員は、現在、一〇〇〇人を越すまでになっている。

四人の会員歴は、葛西が約十三年、加藤が十一年、弓削が十年、谷口が八年。葛西と加藤と谷口は六、七年前から山行をともにするようになっていたが、弓削が三人といっしょに山に行くのは、会が主催する公開山行以外では今回が初めてだった。

葛西は、ふわく山の会に所属してはいたが、そのなかで気の合う仲間とグループ的なものを結成していた。ふわく山の会のなかに〝葛西派〟の小さなグループができていたわけである。葛西グループのメンバーは十人ほどで、ふわく山の会で任意に加入する山岳保険とは別に、グループとしてほかの山岳保険に加入していた。もっとも、メンバーは完全に固定されていたわけではなく、〝来る者は拒まず、去る者は追わず〟の姿勢で、山行によって参加者は若干違っていたという。

グループとしての山行は年に十回前後で、計画はすべて葛西が立てていた。スケジュールは一年ほど前から決められていて、メンバーが自分の都合に合わせて参加した。ただし、その都度、葛西がメンバーの力量を見極め、体力的・技術的に無理そうな場合には、「あなたにはこの山は無理よ」とはっきり告げていたという。「そういう判断力はすごくしっかりしていた」と、加藤と谷口は口をそろえる。

山行はすべて無雪期に計画され、年に二回ほどはメンバー全員で楽しめるやさしいレベルの登山が行なわれた。逆に、技術と体力のあるメンバーしか参加を許されない縦走登山も、毎年夏を中心に実施されていた。

葛西が計画するこうした山行は、ふわく山の会の山行とは完全に一線を画していた。ふわく山の会では、会として毎月多くの公開山行を計画し、会員の中から参加者を募る形で活動を行なっている。この公開山行以外の山行、つまり会員が個人的に行なう山登りについても、会は事前に計画を届け出ることを義務づけてきた。しかし、葛西グループが行なってきた山行はすべて無届け山行であり、会の公開山行よりもそちらのほうに重きを置いていた。このことは、葛西らがふわく山の会の会員としてではなく、あくまで個人の立場として自主的に山登りを行なってきたことを意味している。

事故のあと、ふわく山の会は生存者から事情聴取を行ない、事故報告書をまとめた。いくら会とは関係のない無届けの自主山行だったとはいえ、四人全員が同じ会に所属していたとあれば、会として事故の分析・原因究明を行なうのは当然のことであろう。

その報告書によれば、グループのメンバーが公開山行よりも無届けの自主山行を優先させていた理由として、「公開山行は歩くスピードが速く、ついていけない」「親の介護等で日程的に合わせることが難しい」「自主山行で計画書を出すと、『あの人がこんな山へ』と誹謗中傷されたり揶揄されたりする」「気の合う者同士で、無届けで行けば、そういう煩わしいことから開放される」といったことが挙げられている。

事故後、生存者の三人は、会の慰留にもかかわらず、それぞれふわく山の会を退会した。

さて、今回の大雪山縦走も、そうした自主山行のひとつとして計画されたものだった。パーティの四人のうち、葛西、加藤、谷口の三人は葛西グループのメンバーで、弓削はいわば〝ゲスト〟のような形で、葛西に誘われて今回初めて参加を決めていた。

もともとこの計画自体は数年前に立てられていた。それが飛行機のチケットがとれなかったり参加希望者の日程が合わなかったりして延び延びになり、この年になってようやく日の目を見たのだった。

山行の三カ月前ごろ、葛西から加藤、谷口、弓削のもとへ計画書が送られてきた。計画書には日程とコース、宿泊先の電話番号が書かれ、注意書きとして「軽アイゼン必携」「各自、寝袋、防寒具、9～11日の食事を用意」「ガス一式は葛西が用意」とあった。参加者が事前に集まって打ち合わせをするということはなく、葛西が立てた計画を見て個人個人でルートを研究するというのが、葛西グループのいつものやり方だった。

今、行く山もたどるコースもわからずに、ただリーダーのあとについていくだけという形の中高年登山が問題になっているが、葛西が計画する山行に限ってはそういうことはなかったという。加藤がこう言う。

「やっぱりふわくの公開山行だと、参加者が多いから、どうしても後ろからついていくだけというようになってしまうんですよね。でも、葛西さんの山行は人数も少ないし、女性だけのパーティじゃないですか。だから頼れるのは自分だけっていうのがあって、それぞれ自分なりに研究していくんです。ビデオを見たり、ガイドブックや地図で勉強したりと、私たちは私たちなりにいつも精一杯の準備はしていました」

それは谷口にしても同じである。インタビュー時に見せてもらった地図にはコースタイムが細かく書き込まれていて、事前にコースを研究していたことをうかがわせた。初参加の弓削もまた、その点は抜かりがなかったという。

七月八日の朝、名古屋駅に集合した四人は新幹線で東京へ向かい、山手線とモノレールを乗り継いで羽田空港へ行き、午後一時五十五分発の全日空機に搭乗、三時三十分に旭川空港に到着した。これら交通機関のチケットの手配もすべて葛西が行

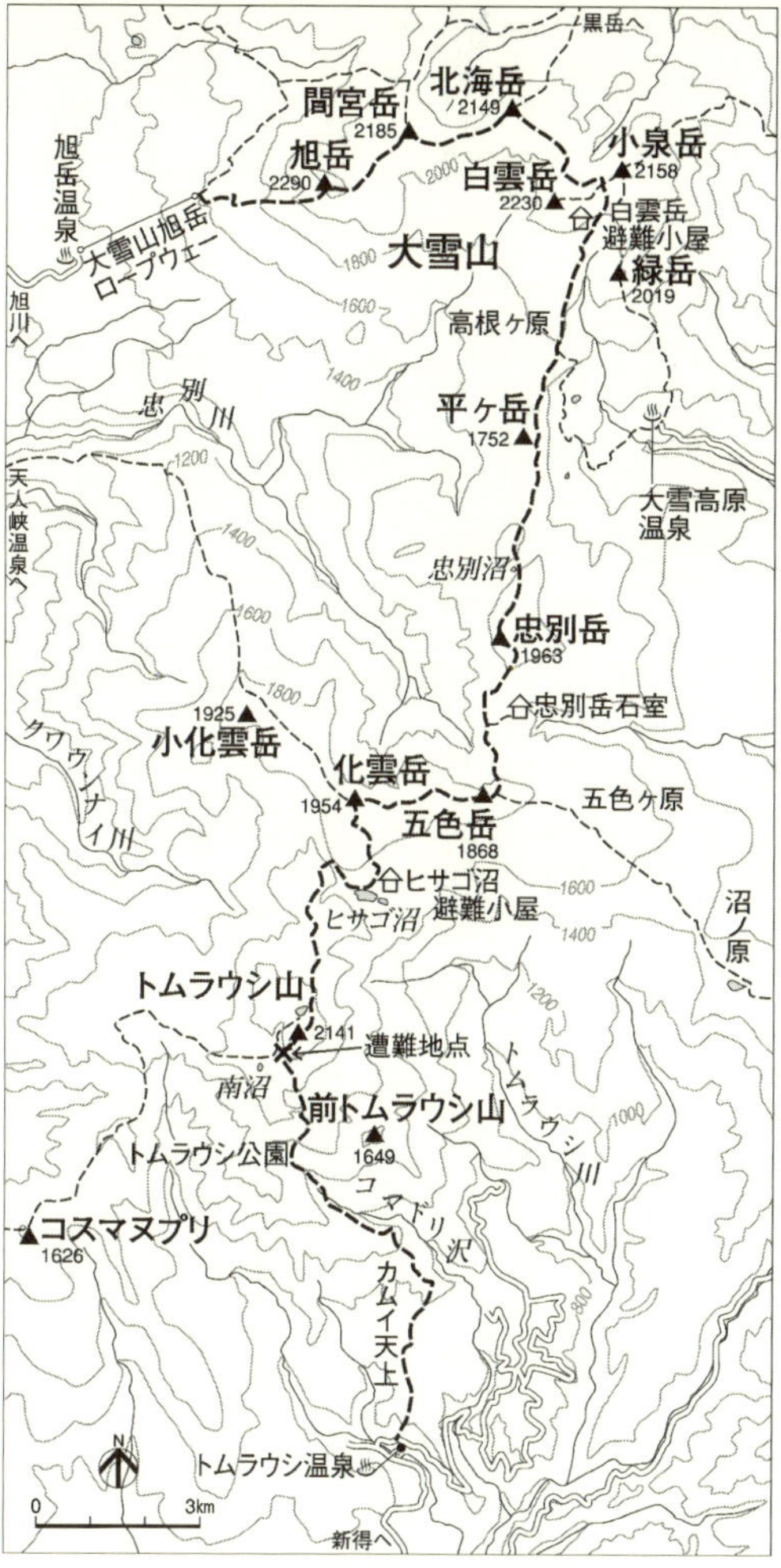

黒岳へ
北海岳
2149
間宮岳
2185
小泉岳
2158
旭岳
2290
白雲岳
2230
白雲岳
避難小屋
旭岳温泉
大雪山旭岳
ロープウェー
大雪山
緑岳
2019
旭川へ
高根ヶ原
平ヶ岳
1752
忠別川
天人峡温泉へ
大雪高原
温泉
忠別沼
忠別岳
1963
忠別岳石室
1925
小化雲岳
クワウンナイ川
化雲岳
1954
五色岳
1868
五色ヶ原
ヒサゴ沼
避難小屋
ヒサゴ沼
沼ノ原
トムラウシ山
2141
遭難地点
南沼
前トムラウシ山
1649
トムラウシ川
トムラウシ公園
コマドリ沢
コスマヌプリ
1626
カムイ天上
トムラウシ温泉
N
0
3km
新得へ

なった。

空港からはタクシーで旭岳温泉に入り、この日は大雪山山荘に宿泊。夜、テレビの天気予報を見ると、向こう三日間は晴れマークが出ていて、四人は手を叩いて喜び合った。

だが、このとき、非常に強い勢力を持った台風6号が南大東島の南を北上していた。四人は、台風6号の発生については出発前から知っていたが、まだかなり遠いところにあったので、気にとめることもなかった。この日の夜の天気予報でも、台風6号のことについてはまったく触れられていなかった。

翌日は天気予報どおりの晴天となった。四人は早朝五時三十分に宿を出発し、六時発の大雪山旭岳ロープウェーで終点の姿見へ。六時二十分から行動を開始した。最初のピーク、旭岳に登り着いたのが十時ちょうど。ここで四人は、旭岳温泉へ下山する、ふわく山の会のほかのパーティとばったり出会った。加藤と谷口はほとんど知らない顔だったが、弓削がよく知っていたようで、「こんなところで会うなんて」としばらく立ち話をし、山頂で記念写真を撮ってもらって別れた。

行程はすこぶる順調だった。北海道の山は、中部山岳などとは違って管理人のいる山小屋がほとんどない。そのため食料や調理器具やシュラフは自分で担ぎ上げなければならず、長い縦走となると荷物はかなりの重量となる。四人のザックもずっしりと重かったが、それでバテるようなことはなかったという。なにより四人の歩くペースがかなりゆっくりだったからだ。きつかったのは最初の旭岳を登るときぐらいで、あとは緩やかなアップダウンを快適にたどっていった。

この日の宿泊地、白雲岳避難小屋には午後四時二十分に着いた。標準コースタイムが六時間のところを十時間かけて歩いたわけだから、たしかにスローペースである。

夕食は、赤飯や餅やうどんなど、各自が持ち寄ったものを食べた。事前に食料計画を立てていたわけではないが、弓削以外の三人はよくいっしょに山に行っていたので、誰がなにを持ってくるかはお互いにだいたいわかっていた。弓削もまたどっさり食料を持ってきていたので、食事に困る心配はまったくなかった。

小屋はかなり混み合っていた。横になるスペースはひとり一畳分ほどしかなく、この夜、葛西はなかなか寝つけなかったようである。

翌十日は夜中の三時二十二分に小屋を出た。この日の宿泊予定地であるヒサゴ沼避難小屋の定員が三十人と少ないため、「遅く着いて入れなくなると、外で寝なければならなくなる」ということで早発ちをしたのだった。そのことを葛西はかなり気にしていた。早く小屋に着いて寝場所をしっかり確保したいという気持ちから、葛西の歩くペースはおのずと速くなり、ひとり先行する形となった。が、ほかの三人は心地よい晴天の下、いつものように花を愛で、景色を楽しみ、写真を撮りながらゆっくりと歩いていった。

お互いの姿が見えなくなるほど離れては、葛西が途中で待つということを何度か繰り返した。三人を待つ間、葛西はめったにしない化粧をして時間をつぶしていたという。そのうちに葛西も諦めて、三人のペースに合わせてゆっくり歩くようになった。

ヒサゴ沼避難小屋に着いたのは午後二時三十五分。標準コースタイムが約七時間のところ、実際の行動時間は十一時間におよんだ。が、少なくとも四人とも体調はよく、疲れを訴える者もなかったという。

小屋にはすでに登山者が大勢入っていたが、昨夜の白雲岳避難小屋のようにギュウギュウ詰めの状態ではなかった。小屋は二階建てで、加藤と谷口と弓削が一階に、葛西が二階にスペースを見つけた。一階では弓削と谷口が階段の下に陣取り、入口近くに加藤がひとりで寝場所を確保した。葛西らのあとに来たのも一パーティだけだったので、スペース的にはある程度余裕を持って過ごすことができた。

小屋に到着後間もなくして、葛西は「ちょっと寝るわ」と言って二階に上がっていった。小屋に早く着いたときに一、二時間仮眠をとるのは、いつものことだった。

台風

行動中にはよかった天気も、小屋に着いたころから曇りがちになり、夕方、弓削と谷口が水を汲みに行ったときにはポツポツと雨が落ち始めた。このときふたりは、水場に来た若い男性から「台風が来てるよ」と聞かされた。小屋にもどり、目を覚ました葛西にそのことを伝えたが、それについて葛西がどうこう言うことはなかった。隣り合ったほかの登山者との会話のなかでも、台風のことはまったく話題にのぼらなかった。

早めの夕食を終えた夕方五時ごろ、水場で洗い物をするころには雨足が多少強くなっていた。それでも雨具や傘を出すほどのことではなかった。

だが、夜中になって天気は突然荒れ始めた。零時だったか一時だったか、小屋を叩く激しい風雨の音に、まず最初に起きたのが弓削だった。弓削は隣で寝ていた谷口に声をかけた。

「谷口さん、起きて。すごい雨と風よ」

そこに加藤がやってきた。やはり風雨の音で目が覚めてしまったのだ。

「この天気じゃ、明日は絶対無理よね。絶対に行けないわよ」

弓削と谷口も同じ意見だった。

「絶対に出ていっちゃダメ。こんなときに出ていったら危なくてしょうがないわ」

「食料はちゃんとあるんだし。動かないほうが賢明よ」

「葛西さんにはそう言おう。私たち三人は行かないよって」

前夜、寝る前に葛西は三人に「明日は三時起床ね」と告げていた。その日はトムラウシ山に登り、トムラウシ温泉に下山して国民宿舎東大雪荘に泊まることになっていた。パーティとしてのスピードの遅さを充分に知っていた葛西にしてみれば、できるだけ早く出発しておきたいという気持ちだったのだろう。しかし、外で吹き荒れる風雨のあまりの激しさに、三人は完全に気圧されていた。その悪天候下では、とても山歩きが楽しめるとは思えなかったし、なにより怖いという気持ちのほうが勝った。

三人が夜中に相談をしていたとき、二階にいた葛西が目を覚ましていたのか寝ていたのかはわからない。が、最後まで一階へは下りてこなかった。「明日は停滞」ということで意見を一致させた三人は、再び自分の寝場所にもどり、シュラフの中に潜り込んだ。

葛西が二階から下りてきたのは三時三十分ごろだった。階段の下にいた弓削と谷口はすぐ葛西に気づき、呼び止めてこう言った。

「こんな天気だから、私たちは動かないからね。加藤さんも行かないよ」

葛西はそれに答えず、自分で天気を確認するために外に出ていった。このときすでに葛西は雨具を着込んでいたというから、おそらく出発するつもりでいたのだろう。

泊まっていたほかの登山者も様子見を決め込んでいて、誰ひとり動き出そうとはしなかった。宿泊者のなかにひとりラジオを持っている者がいて、その場の空気はいつしか「とにかく天気予報を聞いてから判断しよう」というムードになっていた。

ちなみに葛西らのパーティはラジオを携行していなかった。

夜半からの激しい風雨は、台風6号と梅雨前線がもたらしたものである。これにより、十日は東海・関東地方が大雨に見舞われ、交通機関が混乱するなど各地で被害が続出していた。十日午前九時現在の台風6号の位置は四国沖。台風の北上に伴い、北海道地方の天候が次第に荒れ出すことは火を見るよりも明らかだった。

十一日の朝五時から始まったラジオの天気予報に、ヒサゴ沼避難小屋にいた登山者の耳はくぎづけとなった。加藤と谷口によれば、ラジオの天気予報は「台風は明日、北海道に上陸する」と告げていたという。のちに釧路地方気象台に問い合わせてみると、その日の午前四時四十分に出された気象情報は、「台風第6号は十一日夜に当地方に最も近づく見込み。大雨のピークは十一日の昼前から夜遅くにかけて」という内容だった。

その後、同気象台は「六時現在、台風第6号は金華山の南東約三〇キロメートルにあって、一時間に約七〇キロの速さで北北東に進んでいます」（七時）、「釧路、根室地方では、これから明日朝にかけ、さらに一〇〇ミリ前後の雨が降り、釧路南部やその他山沿いでは総雨量が二〇〇ミリに達するところがあるでしょう」（十一時四十五分)、「台風第6号は十六時現在、襟裳岬東南東約三〇キロを一時間におよそ五〇キロの速さで北北東に進んでいます。十八時ごろ、十勝支庁に上陸する見込みです」(十六時五十分)などと、次々に気象情報を流したが、もちろん四人がそれを知るべくもない。

天気予報を聞いたほかの登山者は、決行を決めたようだった。この時点で風と雨の勢いはだいぶ収まっていて、霧雨となっていた。視界もそれほど悪くはなかった。

それでも弓削と加藤と谷口の三人は躊躇していた。葛西ひとりだけが、行動することを強く主張した。

「台風は明日来るんだから、今日のうちに行かないと。もし、今日ここに泊まったら、二、三日閉じ込められることになっちゃうかもしれないのよ」

「でも食料は充分にあるわよ。無理して出ないほうがいいんじゃないの」

そんな話をしていたときに、隣にいた四、五人の女性パーティの会話が耳に入ってきた。彼女らは葛西のパーティと同じようにトムラウシに登る予定で入山していたのだが、前の日に時間の余裕ができてトムラウシを往復していたため、この日は天人峡に下りることにしたのだった。その話を聞いた弓削が、「私たちも天人峡へ下りよう」と提案した。しかし葛西はそれを「ダメよ。危ないわ」と言って一蹴した。

結局、三人は葛西に押し切られた。加藤と谷口は、そのときのことをこう振り返る。

「あのときの葛西さんは毅然としていましたね。有無を言わせずに『出る』っていう感じで。私も、ラジオで天気予報を聞いたときに、みんなが『出る』って言ったんで、『ああ、出てもいいのかな』って思ったんです。やっぱり出るべきなのかなって」（加藤）

「私も出てもいいと思いました。夜中の時点では絶対出ないって言っていたけど、出発するときは雨も風も収まっていたし、天気予報も聞いてますし、リーダーもああ言っているし。それにみんなが『出る』って言うから、私も動いてもいいなと思いました」（谷口）

だが、このときすでに大雪山一帯は台風の勢力圏にあった。これから台風はさらに近づき、また遠ざかっていくまで、風雨はますます強くなっていくことは容易に予想できたはずだ。飯田睦治郎もこう言う。

「北上してきた台風が北海道で温帯低気圧に変わることはよくありますが、それでも天気はかなり荒れます。ましてこのときは、まだ温帯低気圧に変わっていなかったのですから、やはり行動すべきではなかったでしょう」

ちなみに台風6号が北海道に上陸したのは、この日の午後九時前のことであった。結果論になってしまうが、四人は暴風雨がいちばんピークだったときに山中で行動、ビバークすることになったのである。

そんなことになるとは思いもせず、四人は出発準備を整えた。だが、このころから葛西の様子はおかしかったと、加藤と谷口は言う。

山登りに対して葛西は非常に慎重に取り組んでいて、山に行くときには同行者に歩き方から危険箇所の通過のし方、休憩のとり方まで、ありとあらゆることを細かく指導していた。山で食事をするときにも、「標高が高いところでは、ゆっくり食べるようにしなさい」「お茶を飲んで水分を充分に補給しておきなさい」と、うるさいぐらいに言うのが常だった。それがこのときに限っていっさいなにも言わなかった。

「こんな天気では途中で食事をとれないかもしれないから、出る前にちゃんと食べていかなきゃダメよ」

　弓削がそう言わなかったら、朝食さえとらずに出発していくところだった。そんなことは、かつて一度もなかった。


　午前五時三十分、簡単な食事を終えた四人は小屋を出て、トムラウシ山への道をたどり始めた。視界は一〇メートルほど。雨は小降りで、風はやんでいた。四人が出発したのは宿泊者のなかでも早いほうだったが、しばらくすると、あとから小屋を出てきた単独行の男性と夫婦の登山者が四人を追い抜いていった。彼らも同じコースをたどってトムラウシ温泉に下山する予定だったので、追い抜かれるときに「遅くなっても絶対に行くから、東大雪荘にそう言っておいてね」と、ことづけを頼んでおいた。

　気がつくと、いつの間にか雨が強くなっていた。八時三十分から九時ぐらいの間に、山頂コースと迂回コースの分岐点に着いた。ここから左にルートをとればトムラウシ山の山頂へ至り、右に行けば山頂を通らずに山腹を迂回して南沼のキャンプ場へと出る。

化雲岳へ
ヒサゴ沼
避難小屋
ヒサゴ沼
小屋に到着後、天気が崩れ出す。夜中には激しい風雨になる
1800
ロックガーデン
福岡パーティの女性が亡くなった地点
この分岐で道を間違え、迂回ルートをとらずに頂上へ向かって登っていってしまう
北沼
南沼キャンプ指定地
トムラウシ山
2141
葛西と加藤がビバークした場所。葛西がここで息をひきとる
南沼
オプタテシケ山へ
市根井がテントを張っていた場所
トムラウシ公園
前トム平
前トムラウシ山
1649
弓削と谷口がこのあたりで福岡パーティとすれちがう
弓削と谷口が胸まで水につかりながら徒渉を繰り返す
コマドリ沢
1600
1400
カムイ天上
カムイサンケナイ川
1200
1000
ユウトムラウシ川
予定していた下山口
短縮コース登山口
樺沼
弓削と谷口がビバークした場所
トムラウシ温泉東大雪荘
弓削と谷口がここで救助隊に発見される
三股山
1213
N
0
1
2km
新得へ

小屋を出る前に、四人は迂回コースをとることを確認し合っていた。加藤と谷口によれば、葛西は日本百名山登頂を目標に置いていたという。だとすれば、そのひとつであるトムラウシ山の頂上は、なにがなんでも踏んでおきたいはずだった。しかし、ほかの三人には百名山にそれほどのこだわりはなかった。ましてや台風下の悪天候である。だから三人は葛西に「今日は絶対トムラウシの頂上には行かないわよ。下の道（迂回コース）を通るから」と念を押していた。葛西もこの天候では仕方ないと考えていたようで、「うん、もちろんよ。トムラウシへは行かないわ」と答えた。

ところが、四人はこの分岐で道を間違え、トムラウシ山の山頂のほうへ登っていってしまったのである。

分岐点には道標が立っていて、一方の道標はトムラウシ山へのルートを指しており、迂回コースを示すもう一方の道標には、「オプタテシケ山へ約一三キロ」というようなことが書かれていた。

「分岐で道標を見たときには、一三キロっていう数字だけが頭に残って、『そっちのほうへなんかとても行けない。ルートはこっち！』って思っちゃったんです。小

トムラウシ山北沼ほとりにある分岐点。ここで４人は道を間違え、山頂のルートをとってしまった　写真＝梅沢 俊

屋を出てくるときに、泊まっていたカメラマンの方に『迂回コースのほうが近道だから、絶対にそっちへ行きなさいよ。分岐のところでルートを間違えないようにね』って言われていたんですけどね。そのときには雨もかなり強くなっていて、もうほんとうに必死でした」

そもそも、天気の悪いときや岩場などの危険箇所を通過するときには、いつもだったら葛西が先頭を切って歩いていた。しかし、このときに限って葛西は出発前から「加藤さん、先頭に行って」と言い、自分はずっと二番手についていた。また、分岐のところでは必ず地図を出してコースを確認していたのに、それもしなかった。朝食の件といい、このときの葛西は明らかにいつもの葛西ではなかった。

分岐で左のトムラウシ山への道へ入っていくときに、加藤は後ろの葛西に「上だよね」と声をかけた。最後尾を歩いていた谷口は、そのときに葛西が「下だよ」と言うのを聞いている。それを加藤は「うん」と同意の返事が返ってきたものと思い込み、そのまま歩き始めてしまった。谷口が言う。

「葛西さんの言葉は聞こえたんですけど、登るのに精一杯でなにが上だか下だか私には全然わかりませんでした」

だが、なぜか葛西は加藤の間違いを指摘せず、そのまま加藤について頂上への道をたどり始めた。弓削と谷口もふたりのあとに続いていった。

雨はかなり激しくなり、風も強さを増していた。横殴りの雨が雨具の隙間から浸入し、服をしだいに濡らしていった。動いているぶんには寒さを感じなかったが、行動食を口にするときなど、ちょっとでも立ち止まっていると、たちまち体が冷えてきた。

雨水が滝のように流れる岩場のルートを、四人は必死になって登っていった。岩場を通過するときには、いつもだったら葛西が後ろを振り返り、「そこへ足をかけなさい」「こっちに手を伸ばしなさい」と細かい指示を出すのだが、このときはそうした指示は一度もなかった。先頭を行く加藤には「南沼まで行けばなんとかなるだろう」との思いがあり、早く着きたいばかりについつい歩くスピードが速くなった。そのたびに葛西は、「加藤さん、ゆっくり、ゆっくり行って」と、何度も声をかけた。

途中、三番手を歩いていた弓削が道を間違えたことに気づき、後ろを振り向いて谷口に「これ、トムラウシに登っているわよ」と言った。だが、それでも四人は前進をやめなかった。

　トムラウシ山山頂着は十時十分。先頭の加藤は、山頂に着いて初めて道を間違えていたことに気がついた。

「びっくりして『えー、これトムラウシ？』と言って後ろの葛西さんを見ると、葛西さんは『うん、知っていたよ』というような顔をしてスーッと立ちつくしていました」

　風雨が強まるなか、四人は頂上にとどまらず、すぐに下山を開始した。下り始めて間もなく、南沼のほうからふたりの男性が登ってきた。のちに判明したことだが、ひとりは地元在住のガイドで、客を案内してトムラウシ温泉から登ってきたのだった。ガイドは女性四人の足取りに不安を覚えたのか、「ここがいちばん風の強いところだから」と言って、風向きが変わるところまで四人をサポートして下りてくれた。そのあとふたりは頂上を踏み、すぐに四人を追い越して下っていった。

　下りながら、葛西は前の加藤に、「もっとゆっくり行って、ゆっくり行って」と何度か声をかけた。下りが速い葛西にしては異例のことであった。

　十時三十分、山頂から二〇〇メートルほど下ったときだった。最後尾の谷口が段差を下りようとしたときに、前を歩いていた葛西が突如、足を交差させながらクターッと萎えるように崩れ落ちた。「助けてぇ」という葛西の声に先頭の加藤が驚いて振り返ると、亀を引っ繰り返したような格好で葛西が倒れていた。顔は一面泥だらけで、鼻には擦り傷ができていた。葛西は必死になって交差した足をもとに直そうとしていたが、背中に背負ったザックが重りとなり、なかなか起き上がれないでいた。

三人は慌てて葛西に駆け寄った。葛西の声はうわずり、ろれつも回っていなかった。リーダーの異変に動転した三人は、先ほど下っていったガイドに助けを求めるために笛を吹いた。その音に気づいてすぐに引き返してきてくれたガイドに、加藤が「愛知の葛西ですけど、ちょっと歩けそうにはないので、救助隊をお願いします」と言った。

しばらくすると、葛西はどうにか立ち上がれるようになり、「大丈夫よ」と言った。ガイドはリュックを置いていくように言ったが、葛西はこれを聞き入れようとしなかった。仕方なく谷口らが「すみませんがリュックを持ってもらえませんか」とお願いすると、ガイドは葛西のザックを背負い、葛西の手を引きながらゆっくりと下り始めた。

しかし、わずかに下ったところで、ガイドは「これはラチがあかない」と思ったようだ。

「このザックは重すぎる。われわれが先に下山して救助隊に連絡するから、あなたたちはゆっくり下りてらっしゃい」

そう言って葛西のザックをその場に置くと、自分の客を連れてトムラウシ温泉へと下山していった。葛西は気丈にも「ゆっくり歩けば大丈夫だから行こう。みんなで下りよう」と言い、再び歩き出した。

葛西のそばには加藤がつき、その前を弓削と谷口が歩いた。が、すぐにふたつのグループの間が開き、距離ができた。谷口が何度も振り向くたびに、葛西が「行きなさい、行きなさい」と促すように手を振った。谷口と弓削は、それを「先に下りて救助を呼んで」という意味にとった。以降、弓削と谷口、葛西と加藤は、それぞれ別行動をとることになる。

下山

葛西、加藤と別れた弓削と谷口は、ひたすらトムラウシ温泉への道を下っていった。トムラウシ公園を過ぎ、前トム平からの急坂を下りると、コマドリ沢を何度か渡り返して進むようになる。このコマドリ沢では、増水した沢に登山者が流されて溺死するという事故が昨年、一昨年と立て続けに起こっていた。ここでトップを谷口から弓削に代わった。

「ここから先は私が前に行くから、私の渡るところをよく見てついていらっしゃいよ」

弓削はそう言うと、足場のいいところを選んで沢を渡り始めた。台風による大雨で水かさは大幅に増え、急流が渦を巻いていた。最初のうちは膝ぐらいの水量だったのが、何度か沢を渡り返していくうちに水深は徐々に深くなり、しまいには胸まで水につかり、半分流されながら渡るような有り様となった。谷口がそのときのことを思い出して言う。

「もうこれで徒渉も終わりかなと思って下ると、またあっちに渡らなきゃいけないってことの繰り返しで……。流されて首まで水につかり、『こんな思いをするなら、ここでクマに食べられたほうがいい』って思ったりもしました」

何度目かの徒渉で、谷口はとうとう力尽きてしまった。その場に座り込み、対岸に渡った弓削に向かって腕で×印をつくり、「もう私は渡れないから、ひとりで行きなさい」と叫んだ。するとすぐに弓削が怒鳴り返してきた。

「ここまで来たのになに言ってるの。生きて帰らなきゃダメなんだから、とにかく渡ってらっしゃい」

その声に背中を押されるように、谷口は再び立ち上がって沢を渡り始めた。谷口が言う。「弓削さんのおかげで私は命拾いをしました」と。だが、のちにふたりは警察でこう言われたそうだ。

「あなたたちが今こうして生きているのが不思議なくらいだ」

必死の思いでコマドリ沢を渡り終えたのが夕方五時ごろ。あたりは次第に暗くなり始め、やがて夜が訪れた。それでもふたりは下ることをやめなかった。闇のなかでふたりが行動できたのは、コースを示すピンクのリボンが道沿いにずっとつけられていたからだ。リボンは真新しいもので、コマドリ沢を渡る前からつけられていた。

カムイサンケナイ川上流部は、秋になると水が涸れる。事故当時は台風で増水したため、大変な徒渉となった　写真＝梅沢 俊

先頭を行く谷口に、後ろから弓削がリボンを探しながら「右へ行って」「今度は左」と指示を出した。ふたりのヘッドランプは水に濡れたために接触不良を起こし、向ける方向によって点《つ》いたり点かなかったりした。その頼りないヘッドランプでリボンを照らし出しながら、ふたりは下山を続けた。

道は雨で削られて溝のようになり、荷物の重い弓削は何度も足を滑らせた。そのたびに谷口がもどり、弓削を助け起こした。疲れを感じている余裕などまったくなかった。ただ「一刻も早く下山して救助隊に知らせなければ」という一心だった。

しかし、やがて弓削のヘッドランプが点かなくなり、夜の十時ごろには谷口のランプも消えてしまった。さすがに明かりがなくては、それ以上の行動は無理だった。やむを得ず、ふたりはビバークを決意した。

樹林帯のなかなので風雨が直接当たることはなかったが、濡れた体に寒さがこたえた。谷口はザックの中から着替えを出して服を替えたが、度重なる徒渉でザックの中まで濡れてしまっていたので、気休めにしかならなかった。使い捨てのカイロも効果はなく、持っていたビニールのシートを足に巻きつけた。弓削の服はほとんど濡れていなかったので着替えはせず、羽毛ジャケットを着てシュラフの中に入った。それでも寒さは身に染みた。

余談だが、弓削の服が濡れずにすんだのは、雨具の手入れがよかったからだという。弓削は山行によって雨具を変え、山行後には必ず防水スプレーを吹きつけてアイロンをかけていた。ほかの三人は、ゴアテックスの雨具を使っていたが、メンテナンスはほとんどしていなかった。その差は歴然で、三人の雨具にはすぐ雨が染み込んできてしまったのに、弓削の雨具はほぼパーフェクトな防水性を発揮したのだった。

ビバーク中、谷口は一睡もしなかった。片手で傘をさし、もう一方の手に持ったクマ除けの鈴を鳴らし、時折口にくわえた笛を吹きながら夜明けを待った。

翌朝三時三十分ごろ、あたりがうっすらと明るくなってきたので谷口は弓削を起こし、支度を整えて再び下山を始めた。当初、ふたりは短縮コースの登山口となっている林道のほうへ下りるつもりでいた。しかし、ふたりがビバークした地点はもう短縮コース登山口への分岐を通り越してしまっていたので、そのままトムラウシ温泉へのコースをたどっていった。

林道に出たのは五時三十分だった。ここまで下りてきて、ふたりはようやく助かったことを確信できたのではないだろうか。

「東大雪荘はもうすぐだから、谷口さん、ここでお茶を飲もうよ」

弓削がそう言って、ザックの中からお茶を出そうとしていたときに、車のエンジンの音が聞こえてきた。谷口が「あ、車が来たよ」と声をあげて道路に飛び出し、やってきた車を呼び止めた。その車に乗っていたひとりが谷口と弓削を見て言った。

「愛知の葛西さんたちだね」

車に乗っていたのは救助隊員だった。前日、加藤らが救助を依頼したガイドからの報告を受け、朝になって救助隊が現場へ向かおうとしていたところに、弓削と谷口がばったりと出くわしたのだった。続けて「あとのふたりは？」と聞かれたので、弓削と谷口が答えた。

「まだ上にいます」

ビバーク

加藤は葛西の手を取ってサポートしながら一歩一歩、岩場を下りていた。「大丈夫、みんなで下りよう」と言った葛西だったが、もうほとんど自力で歩ける状態ではなかった。気がついてみたら、いつの間にか谷口と弓削の姿が消えていた。

「葛西さん、ここで救助を待とうよ」

と言うと、一度は「ううん、歩ける」と答えた。しかし、わずかに進んだところでそれ以上進むのを諦め、たまたまそばにあった大きな岩陰にふたりで入った。昼の十二時ごろのことであった。

なにしろ寒くてたまらなかったので、岩陰に入ってすぐ加藤は着替えをした。使い捨てカイロをふたつ持っていたので、ひとつは自分で使い、もうひとつを葛西に渡した。葛西にも「着替えをしたほうがいいいんじゃない」とすすめたが、「リュックを下ろすと寒いから、このままでいいわ」と言って、リュックを担いだまま座っていた。

ふたりは夕方までに救助隊が来てくれるものと信じていた。時間的なことや天候を考えると、その日のうちに救助されるのは無理なような気がするが、ふたりは救助が来てくれるのを今か今かと待ち続けた。

時間は定かではないが、午後の比較的早い時間だと思われる。葛西と加藤が座り込んだ登山道を、八人のパーティが通りかかった。加藤は、「一瞬、救助隊がドドッーと来てくれたのかと思った」そうだが、それが冒頭で述べた福岡のパーティだった。

同パーティは、福岡県の山岳プロガイド、藤田勇（仮名・四十六歳）が主催したガイドツアーの総勢八名で、一行は七月十日に福岡を発ち、その日はトムラウシ温泉の東大雪荘に宿泊。十一日、「コマドリ沢の増水がひどければ引き返す」こととして、四時二十分に登山開始。さほどの困難もなくコマドリ沢を通過し、ここまで登ってきたのだった。

藤田のパーティと出会ったときのことを、加藤はこう振り返る。

「葛西さんは服を着替えていなかったから、すごく寒いだろうなと思って、登ってきたパーティのリーダーの方に『着替えたほうがいいと思うんですよね』って言ったんです。『着替えを手伝って』って言うのはなんか悪くて、そう言ったら手伝ってくれるかなと思って。でも、『僕たちはヒサゴ沼の避難小屋まで行かないといけないから、急いでいます。救助隊を待って』って言われて上へ登っていかれました。やっぱり『ああ、冷たいなあ』と思いましたけど、向こうもきっと慌てていたんでしょうね」

これより以前、救助を求めに下山していた弓削と谷口も、登ってくる藤田パーティにもちろん行き合っている。トムラウシ公園のあたりで、弓削と谷口がコースどりに迷っているところへ通りかかったのが藤田のパーティであった。その前に藤田は、加藤らが救助を要請した地元のガイドに話を聞いていたようで、谷口と弓削に会ったとき、「愛知の葛西さんたちですね」と声をかけてきた。藤田は迷っているふたりをサポートし、ルートがわかるところまで案内してくれたという。

だが、加藤らと出会ったときにはもうそんな余裕もなくなっていた。藤田のパーティに参加していた女性（五十八歳）が疲労から遅れ出し、トムラウシ山の山頂が近づくころには足がもつれ出していたのだ。藤田にしてみれば、自分のパーティをサポートするのが精一杯で、ほかのパーティのことなどとてもかまっていられなかったのだろう。

その女性はトムラウシ山の山頂を越したところでとうとう動けなくなってしまい、結果的にはその場所で息を引き取った。

報道によると、藤田はほかのメンバーにひと足先にヒサゴ沼避難小屋へ行くように指示し、自分は動けなくなった女性に付き添い、岩陰でビバークしていたという。その後、藤田は、〈十二日午前四時半ごろまで付き添ったが、激しい風雨が続いたため、××（女性の姓）さん一人を残し、山頂北側のヒサゴ沼避難小屋に避難した〉（北海道新聞七月十五日付夕刊より）。このような報道があったことから、一部で藤田が女性を見捨てたという非難の声もあがったが、藤田が女性をひとり置いて小屋に向かったのは、女性が意識不明に陥り、頭にさわると冷たく感じたため、という報告もある。

なぜ藤田が女性を置き去りにしたのかは、当事者らに話を聞くことができないので不明のままだ。この事故を扱った旭川東警察署にも問い合わせてみたが、二〇〇三年四月の時点で、「事件扱いとして捜査中なので、コメントはできない」とのことであった。

いずれにしても、藤田に指示されてヒサゴ沼避難小屋に向かったグループは悪天候のためその日のうちにたどり着けず、やはり途中でビバークし、翌朝、ようやく小屋にたどり着いたようである。十三日、自力で歩ける四人は天人峡へ下山し、藤田を含めた三人はヘリで下山。遭難者もこの日のうちにヘリで収容されたが、死亡が確認された。

葛西パーティと藤田パーティの遭難は、非常に類似点が多い。台風の接近による悪天候下で登山を強行したこと、そのなかで遭難者は体調を崩して動けなくなってしまったこと、激しい風雨から身を守る手だてもなく遭難者はその場で死亡したこと、結果的にほかのメンバーはばらばらに下山したことなどなど、検証すればするほどそっくりなように思えてくる。いうなれば、同じ日のほぼ同じ時間帯に、同じトムラウシ山山頂の北と南で同じような遭難事故が起こっていたわけである。


葛西パーティに話をもどす。救助を待つ間、傘をさして雨を除けながら、ふたりはいろいろなことを話した。加藤がこう言う。

「思い出話ですよね。ご家族のこととか、いっしょに行った山のこととか、『四国をお遍路して歩いたときは楽しかったね』とか、そういう話をずーっとしていました。でも、もう早い時点で諦めたようなことも言われてました。『楽しかったな。加藤さん、みんなにお礼を言っておいてね』とか、『お父さんに保険のことを頼むね』とか、『私の人生で山っていうのはなんだったのかしら』とか。そう言いながらも、〝生きたい〟っていう願いは強かったのよね。『私、この山行が終わったら、もう近場の山にだけ行くことにする』『またお遍路さんに行こうね』といった話もしていましたから」

加藤から話しかけることはほとんどなく、葛西がひとりでしゃべり続けた。加藤が返事をしないでいると、「加藤さん、聞いているの。寝ないでね」と言ってきた。加藤が必死に般若心経を唱えていたときには、「加藤さんはいつも同じところで間違える。そこはこうでしょ」と言って間違いを指摘した。

「葛西さんは、私を励ますためにわざと無理してしゃべっていたのかなとも思います。ほんとに精神力が強い方でした」

夕方の五時ごろ、傘が風で壊されると、葛西は「リュックの中に橙《だいだい》のツエルトがあるから出して」と言った。そのツエルトをふたりで被り、ひたすら救助隊の到着を待った。このころから葛西は「左足が動かない」「左手がしびれる」「目が真っ暗」と訴えるようになった。体がすっかり冷えきってしまったことで、体の機能障害が始まったようだった。

夜の七時ごろから再び風雨が強まってきた。「胸が苦しい」「頭が痛い」と言う葛西を、加藤が「もう少しで救助隊が来てくれるからがんばろう」と励ました。気休めに過ぎなかったが、シュラフをザックから出して葛西の体にかけた。

九時近くになって、葛西は突然「暑い、暑い」と言い出した。それを聞いて、加藤は「もうダメだな」と思った。

「三年前にみんなで八甲田山へ行ったんですけど、その前に『八甲田山死の彷徨』っていう新田次郎さんの本を読んだら、あのとき遭難した人はみんな最後に『暑い、暑い』って言って服を脱いだということが書いてあったので、それと同じだと思って……」

葛西が「手を握って」と言うので左手を握ったら、ぐっと握り返してきた。

十時ごろ、葛西が「おとうちゃーん、おとうちゃーん」と声を上げた。加藤は夫のことを呼んでいるのかと思ったが、続けて「おかあちゃーん、おかあちゃーん」と言ったので、両親のことを言っているのだとわかった。それが葛西の最期の言葉となった。

加藤は、今度は自分の身を守ろうと思い、葛西のザックからフリースを出して着込み、雨が当たる肩と腿にレスキューシートをかけた。さらに葛西が持っていたビニール袋をかぶり、三メートルほど離れたところにあった、体が半分ほど入る穴の中に移動した。葛西の体にはツエルトとシュラフをかけ、飛ばないように石を乗せておいた。

「そのときは絶対死ぬもんかと思ってました。ここで死んだら、葛西さんのご主人、谷口さんや弓削さん、私の家族に申し訳ないという気持ちが支えでした」

夜中の零時三十分、葛西が二、三回「ウウーン」と唸って登山道からズズッと滑り落ちた。

「たぶんこのときに亡くなられたんでしょう。時間だけは見ていたんです。それだけはご主人に報告しなければならないと思って」

まだ意識があるときに、葛西は「北海道は朝が早いから、三時になったら救助隊が来てくれる。だから絶対に寝ないでね」と言っていた。言いつけどおり、加藤は必死に寝るまいと自分に言い聞かせていたが、何度かウトウトした。レスキューシートは風で飛ばされてしまい、すっぽり被っていたビニール袋がパタパタと風にはためき、ハッと目が覚めた。雨はいつの間にかみぞれになっていた。

朝方はいっそう冷え込んだ。明るくなっても救助隊は来てくれなかった。七時ま

南沼からトムラウシ山頂上へのルート。このあたりで葛西は息をひきとった　写真＝市根井孝悦

で待っても来ないので、加藤はひとり自力で下山しようとした。しかし、風雨が強く視界がきかないため、諦めてもといた場所にもどった。九時になって再び下山を試みるが、このときには一種のパニック状態に陥っていたようだ。

「今考えると、恐ろしいことになにも持たずに下山しようとしているんです。食料も地図も持たずに、ポシェットだけを持って。リュックはその場に放り出したままだし、中身は全部散乱していたし。しかも登山道を外れて谷のほうへ下りていっちゃったもんだから、迷ってウロウロしてしまいました。で、『あー、こんなことしてちゃダメ！』と思って、また大きな穴蔵みたいなところに入り込んでじっとしていたんです」

昨日の朝、聞いたラジオでは、台風は今日通過すると言っていた。だとすれば、今日も下山できず、もう一日ビバークすることになるかもしれない。そのことを想像したら力が抜けてきて、いつの間にか寝てしまっていた。

認識不足

千葉市に住む三浦長久（六十二歳）は、北海道の百名山を登るため、マイカーで道内を旅していた。七月十一日の夜はトムラウシ温泉の駐車場に停めた車内で一夜を明かし、翌十二日の朝五時半、短縮コースの登山口からトムラウシを目指した。起きたときには霧雨が降っていたため中止にしようかとも思ったのだが、団体のグループが登山を決行しようとしていたので、自分も登ることにしたのだった。

その団体グループは途中から引き返していったが、三浦は登山を続けた。コマドリ沢の水量は深いところで膝ぐらいだった。南沼のキャンプ場からトムラウシ山の頂上へ向かっていったのが十時三十分ごろ。天気は雨。風は強く、ガスで展望もきかなかった。なにより気温がだいぶ下がっていて、ひどく寒かった。

だいぶ頂上が近づいてきたところで、ふと三浦は足を止めた。登山道から五、六メートル離れたところに、黒っぽいものが風に吹かれてはためいているのに気づいたからだ。なんだろうと思ってよく見てみると、それはうずくまった人間で、黒っぽく見えたのは着ていたヤッケだった。気配を感じたのか、その人はハッとした様子で顔を上げた。目と目が合い、相手の顔に驚いたような表情が浮かんだ。三浦もまたびっくりしていた。次に彼女がいきなり尋ねてきた。「救助隊の方ですか」と。それが加藤だった。

加藤の話は支離滅裂なところもあったが、それまでの経緯を聞いて、だいたいの状況は把握できた。「上に亡くなった人がいる」というので登っていってみると、四、五分のところに葛西の遺体があった。その周辺にはザックの中のものがバラバラに散らばっていた。加藤が葛西にかぶせたツエルトは風ではがされていたので、三浦がそばにあったツエルトで再び顔を覆い、石を載せて固定した。

さてどうしたものかと思案していると、下から五、六人のパーティが登ってくるのが目に入った。三浦は救助隊が来てくれたのだと思い、その場で彼らがやってくるのを待った。バトンタッチしたら、さっさとトムラウシ山に登って下山しようと思ったのだ。ところが、そのパーティは救助隊ではなく、中高年の一般登山者だった。三浦が「下にいた女の人は?」と尋ねると、「元気そうだし、救助隊が来るっていうから、放っておいていいんじゃないですか」と言って、そのまま頂上へ登っていってしまった。

仕方なく、三浦は再び加藤のところにもどった。パニック状態の加藤を放っておくわけにはいかないと思ったからだ。もどってみると、加藤は立ち上がってふらふらと歩き始めていた。それを見て、「連れて帰ろう」と心に決めた。

加藤に付き添って三浦は下山を始めた。結局、トムラウシ山の頂上は踏めなかった。二時間近く下ったところで、下から登ってくる四人の救助隊員にようやく出会った。これで引き継げるかと思ったが、彼らはこう言った。

「われわれは遺体収容のため、上まで行かなければならないので、この人を連れて下りてもらえませんか。あとからふたりの者が登ってきてますから、彼らに出会ったらそこで引き継いでもらってください」

そのふたりの警察官に行き合ったのが、コマドリ沢の上流のあたり。登山の経験はなさそうな若い警察官だったが、とても親切でよくしてくれた。コマドリ沢を徒渉しているとき、警察官のひとりが加藤に言った。

「同行者のふたりの方は、ここが増水しているときに渡ってきたんですよ。ここは毎年、死者が出るところなんです。ほんとにあのふたりはよく下りてこられたものです」

このとき初めて加藤はふたりのことを聞いた。もうとっくに下に着いているものと思っていたので意外だったが、弓削と谷口が苦労して必死に下りていったことを思い、胸が熱くなった。

このころから天気は回復し、暑いくらいの陽気になってきた。加藤も元気を取りもどし、下る足取りはふたりの警察官よりもしっかりしているくらいだった。

コマドリ沢の徒渉が終わり、さらに下っていったところで消防隊員ひとりと合流、計五人で下山を続けた。短縮コースの登山口にはマスコミが待ち構えていると聞いたので、三浦は途中からひとり先行して下りた。加藤らがトムラウシ温泉にたどり着いたのは、午後二時三十分ごろのことであった。

弓削、谷口、加藤の三人はその日と翌日に渡って警察の事情聴取を受けた。葛西の遺体は十三日にヘリコプターで収容された。検死の結果、死亡推定時刻は十二日の午前零時、死因は低体温症による脳梗塞とされた。

この台風のとき、北海道在住の山岳写真家、市根井孝悦（六十三歳）は撮影のためトムラウシ山に入山、南沼のキャンプ場にテントを張っていた。その市根井によれば、台風の影響が出始めたのが七月十日の夕方からだという。これは加藤や谷口の証言と一致する。

「天気予報をずっと聞いていて、天気が荒れるのは十一日の夕方ぐらいからだと思

7月13日、葛西の遺体はトムラウシ山遭難現場から移され、ヘリコプターで搬出された　写真＝市根井孝悦

っていたら、十日の夕方から雨がポツリポツリきたんですね。その晩は猛烈な風雨になりました。気温もすごく低かったように思います。南沼一帯が全部川のようになってしまい、僕たちのテントも川の中に張っているような状態でした。テントの中にどんどん水が溜まってくるのでコッヘルで水を掻き出したんですけど、それでも間に合わなくてシュラフがベチョベチョに濡れてしまいました」

翌十一日はヒサゴ沼へ行って撮影をする予定だったが、ラジオの天気予報ではこの日の夕方に台風が北海道を直撃すると言っていた。この点が、「ラジオの天気予報では明日、台風が上陸すると言っていた」という加藤らの証言と食い違う。どうしてなのかは不明だが、とにかく市根井らは撮影をとりやめて停滞とし、台風に備えてテントの張り綱を補強した。

「雨が少し弱くなったときを見計らって、雨具を着て外へ出て補強しました。ガスで見通しが悪く、視界は五メートルほどでしたかね。外で十五分ぐらい作業をしていただけで体が冷えてしまいました。夏にそんなに寒くなるなんて、異例のことです。で、補強を終えてまたテントの中に入ったんですけど、風が強くて補強した張り綱がすぐにピーンと切られてしまいました」

昼ごろ、テントの中にいた市根井は鈴の音を聞いている。谷口はザックに鈴をつけていた。断定はできないが、時間的に見て、下山中の谷口と弓削に間違いないと思う。

「こんな天気だから誰も来ないだろうと思っていたら、遠くのほうからチリンチリンと聞こえてきたんです。天気が天気だったので、こりゃあちょっとヤバいなと思っていたんですけど」

もしこのとき、南沼に張られていた市根井のテントに気がついて助けを求めていたら、もしかしたら展開は違ったものになっていたかもしれない。

翌朝七時ごろ、雨がやんでガスが切れたので、市根井は外に出てみた。昨日聞いた鈴の音がなんとなく気にかかっていたのだ。不安は的中した。テントから五分ほど行った登山道のど真ん中に、女性が仰向けになって倒れていた。葛西である。このとき、そばについていたはずの加藤と会っていないのは、ちょうど加藤が下山を試みてその場を離れていたときだからだと思われる。

市根井はそばに落ちていたツエルトを拾い上げて遺体の顔にかけ、テントにもどろうとした。そのとき、下から登山者が登ってきたので、ひとこと声をかけた。

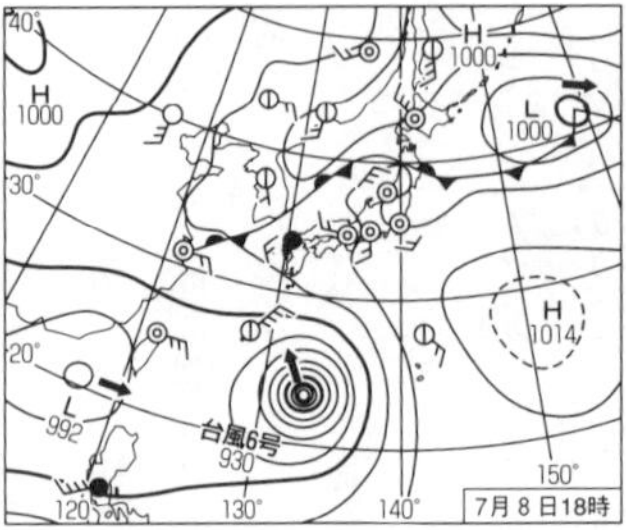

地上天気図①

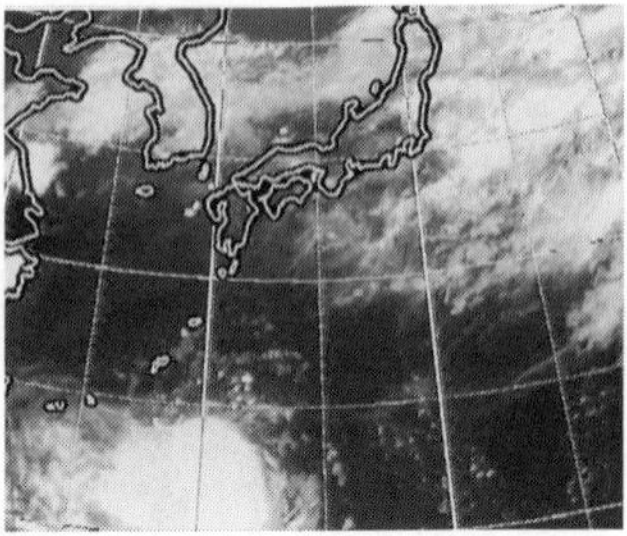

雲の画像①（7 月 8 日 18 時）

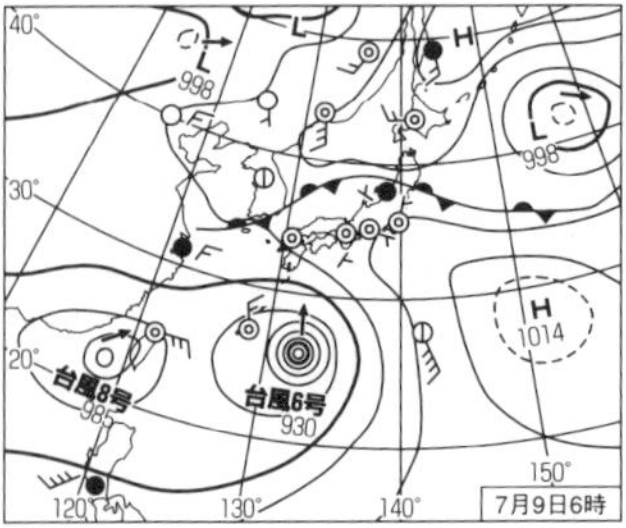

地上天気図②

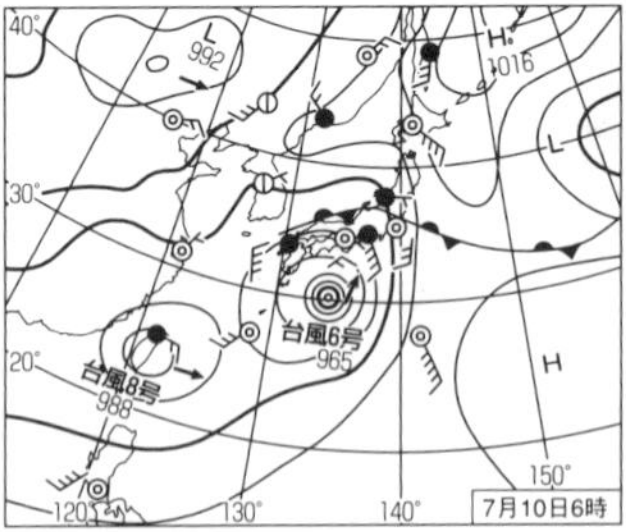

地上天気図③

雲の画像②（7 月 10 日 6 時）

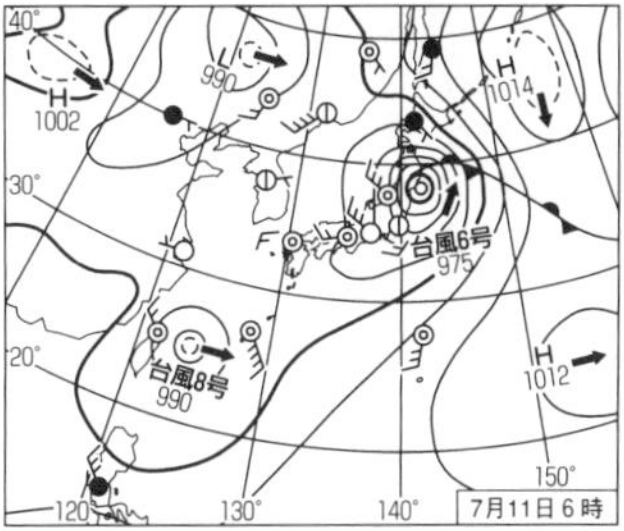

地上天気図④

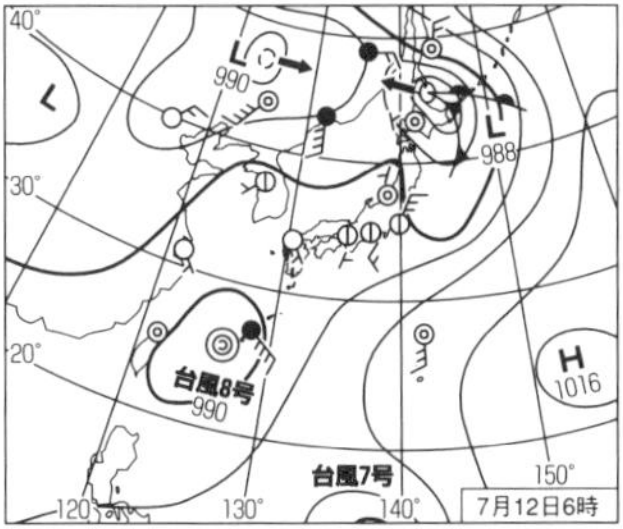

地上天気図⑤

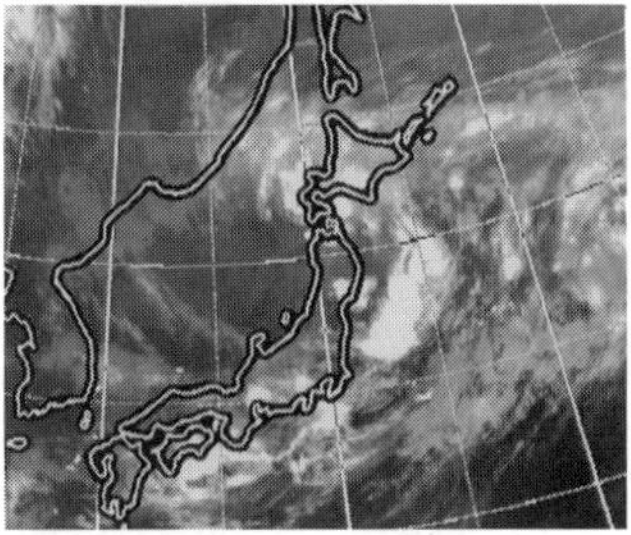

雲の画像③（7月12日6時）

近年の気象庁の台風進路予報は世界一と言ってもよく、台風が北緯20度より北に来たときの進路予報が当たる確率は非常に高い。台風が三陸沖を北上しているときは（天気図④）、今後、北海道方面か千島列島へ向かう恐れが充分にある。北海道の山にいるときには、一刻も早く山小屋に避難するか下山すべきだ。このケースでは、台風が北海道にまで北上したときには、その勢力は弱まってきているが、猛烈な風が吹きつけ、雨量も大変な量にのぼる。そのさなかに山を歩いていれば、濡れに加え、強風で体感温度はぐんぐん下がるはずだ。その後も天気図⑤に見られるように悪天は続き、山は大荒れに荒れたのである。

「人が死んでいるんです。これから下山して警察に知らせます」

するとその登山者はこう答えた。

「いや、もう仲間の女の方が下山して救助を要請しているようです。これから救助隊が来るはずです」

翌日、市根井は予定を早めに切り上げて山を下りた。すぐそばに死んでいる人がいるというのに撮影を続けるのは、死んだ人に申し訳ないと考えたからだ。

「こんなことを言うのもなんなんですが、登山者のマナーもなにもあったもんじゃありません。僕が遺体を見つけたときには、もう何人かの登山者がそこを通過していたようです。道の真ん中で死んでいる人の横を、知らん顔して通っていったんでしょうかね。ふつうだったら引き返して警察に届け出るとかしますよね」

そう言って市根井は怒った。このことは、地元・北海道新聞の記者も「遭難者を知らせぬ登山者」というタイトルで記事にしている。

〈あの朝登頂したすべての登山者に問いたい。あなたがたは、下半身を寝袋に包み、あおむけに横たわっている女性のわきを通りすぎたはずだ。声はかけたか。手は合わせたか。その後、極めた山頂での気分はどうだった。せめて、後味の悪さぐらい

は感じたか〉（二〇〇二年七月二十七日付朝刊より）

それはさておくとして、市根井は次のように事故を振り返っている。

「あのコースは、北沼の斜面が迷いやすいんです。晴れていてもけっこう大変なくらいですから。もし分岐で道を間違えずにトラバースルートを来ていたら、簡単に抜けられていただろうし、われわれのテントのそばも通っていただろうし。それを間違えて頂上に行ってしまった。おそらくそうとうな風で、かなり苦労したんじゃないでしょうか。気温も低かったし。そこでパニックになったと思うんです。僕たちだってきっとパニックになったでしょう。台風のなか、頂上を抜けていくっていったら、これはもう地獄ですから」

市根井の指摘はたしかだろう。葛西も藤田のパーティの女性も、稜線で力尽きて動けなくなってしまった。もしトラバースルートを通っていたらと、思わずにはいられない。

十一日に悪天候のなかを行動したことについては、結果論で言えば「行動すべきではなかった」と言える。同じ日にトムラウシ山周辺で行動を起こしたパーティはほかにもあった。彼らが無事、目的地にたどり着けたのは、運がよかっただけという言い方もできる。藤田のパーティについては詳細が不明なので発言を差し控えるが、葛西のパーティに関しては、葛西自身のアクシデントが事故の引きがねとなった。そうしたアクシデントはいつ起こるとも限らず、とくに山では条件が悪いほどリスクは大きくなる。それを考えると、台風時の悪天候下での行動は差し控えるのが賢明というものだろう。

葛西のアクシデントは、葛西の性格も災いしたようだ。加藤と谷口は言う。「私たちには弱音をいっさい見せなかった」と。ふたりの話からして、葛西の体になにか異変が起きていたであろうことはほぼ間違いない。しかし、それをほかの者に悟られないようにひた隠しながら、動けなくなるまでがんばってしまう、その性格が最悪の結果を招いてしまった。

話はそれるが、ふわく山の会がまとめた事故報告書には、葛西のリーダーとしての資質・判断力を疑問視する指摘がいくつも出てくる。それに対して加藤はこう反論する。

「いろいろ批判されているけど、最後まで冷静だったし、リーダーとしてはきちんとしていました。あのときの判断も、私はいちばんいい判断だったと思っています。

もし四人がずっといっしょにいたら、みんな凍死していたかもしれません」

だから私たちは信頼していたのだと、谷口も言う。


それにしても二〇〇二年というのは、北海道の山での遭難事故が目立った年だった。六月の十勝岳での事故しかり、九月の大雪山と十勝岳の事故しかり。

北海道の山をホームグラウンドとする市根井が指摘するのは、本州の山と比べたときの、北海道の山の特殊性である。二〇〇二年を例にとれば、北海道の山でシーズン最後に雪が降ったのは、六月下旬のことであった。シーズン最初の雪はというと、なんと八月である。一年のうち雪が降らなかったのは七月だけなのだ。

たしかにこの年は異常気象だったというが、たとえ平年にしろ、北海道の山の気象は本州の山の常識では推し計れるものではない。それを本州の登山者は知らない。本州の山も北海道の山も同じだろうと思っている。そして痛い目に遭う。実際、この年の遭難者のほとんどは北海道以外からの登山者であった。

とくに近年は、依然続く百名山ブームに乗って、北海道の山に登るツアー登山が人気を集めているという。そのお手軽さが、北海道の山に対する登山者の認識不足に拍車をかけている。市根井がこう言う。

「ツアー登山でトムラウシに来た人が、『大雪山てどこですか？』って聞いてくるんですからね。あまりにも北海道の山を知らなさすぎますよ。それに、やっぱり本州の人は『遠路はるばる来たんだから登らなければ損だ』という気持ちで来ますので、どうしても無理をしちゃうんですね。天気が悪かろうがなんだろうが突っ込んでくる、神風みたいな登山者はけっこういます」

大雪山の山々の標高は二〇〇〇メートル前後である。だが、たとえ標高が同じぐらいであっても、大雪山と奥秩父とでは自然のありようはまったく異なる。北海道の山を、本州の山の尺度で計ってはならない。

秋・太平洋沿岸低気圧　立山――凍死

中高年登山ブーム

一九九〇年以降に山登りを始めた人が、この事故について知っているのかどうかはわからない。しかし、一九八九年の時点で山に登っていた人にとっては、おそらくいつまでも記憶に残る事故なのではないかと思う。

それは一九八九（平成元）年十月八日、北アルプスの立山三山を縦走していた中高年パーティが悪天候に見舞われて遭難、十人中八人が死亡するという惨事になった事故である。

当時は、今に続く中高年登山ブームが最初のピークを迎えていたころだったと思う。

一九七五（昭和五十）年から十七年間にわたって朝日カルチャーセンターの「女性のための山歩き教室」の主任講師を務めた小倉董子は、文部科学省（当時は文部省）登山研修所が年一回発行している研究誌『登山研修』VOL.2（一九八七年）に「中高年登山熱中時代」と題した一文を寄せ、その冒頭でこう述べている。

〈ここ10年来、登山熱は若者から中高年者に移ってしまった、といっても過言ではないだろう。3、000m級の山々は、夏山シーズン中においては、60～70％が中高年またはファミリー登山者である。四季を通じてウィークディーの都市近郊の山々もまた、中高年登山者に占拠された感すらある〉

小倉が書いているように、中高年層による登山ブームが始まったのは一九七〇年代後半からのようである。『山と溪谷』一九八〇年八月号に掲載された「ファミリー、中高年登山者は夏山の革命児？」というタイトルの座談会では、匿名の取材記者が「ここ二、三年のファミリー登山と、中高年登山の急増ぶりは大変なもので、これはもう完全にブームと呼んでいいほどだね」と発言している。

座談会の席上ではブームの分析や将来的な展望について語られているが、今改めて読み返してみると、大変興味深い箇所が多々ある。その後の中高年の登山ブームは、どうやらこのときの取材記者の予想をはるかに上回るスケール、スピードで進行していったようだ。

この座談会では中高年登山者の事故の危険性をさらっと指摘しているが、当時はまだほとんど事故が起こっていなかったようで、〈体力も弱いし技術も未熟な中高年登山者は、ちょっとしたことでも事故に結びつくわけだから、充分気をつけてほしいね〉と注意するにとどめている。

一九八〇年代になって中高年登山ブームはますます拡大していくことになるのだが、不思議と大きな事故は起こらなかった。五六豪雪による中部山岳を中心にした大量遭難事故（一九八一年、死者・行方不明者計三十六名）、神戸みなと勤労者山岳会パーティらの八ヶ岳での雪崩遭難事故（一九八二年、死者十二名）、鵬翔山岳会パーティの黒部峡谷下ノ廊下での鉄砲水による遭難事故（一九八二年、死者・行方不明者計七名）、岩木山岳会パーティの岩木山での雪崩事故（一九八六年、死者四名）、穂高岳・屏風岩での落石事故（一九八七年、死者五名）など、大きな事故のほとんどは、大学山岳部や社会人山岳会に所属する若者が犠牲となったものである。

もちろん、中高年登山者による事故がまったくなかったわけではないはずだ。前出の小倉は、『登山研修』VOL.3（一九八八年）にこう書いている。

〈実年登山者は、年ごとに着実に増えている。と同時に、遭難事故も増えつつある〉

しかし、数字的にはまだまだ突出してはいなかったし、前述したような大きな遭難事故も起こってはいなかった。いうなれば、気づく者がほとんどないまま、水面下でじわじわと中高年登山者の遭難事故が増えていった時期、それが一九八〇年代という時代だと思う。

そんななかで起こったのが、八九年の立山での大量遭難事故であった。中高年の未組織登山者による大量遭難としてはおそらくいちばん最初のものとなるこの事故は、ブームの陰に潜む危うさを初めて万人に露呈した。ブームに乗ってうかれていた中高年登山者や山の関係者は、突如として冷水を浴びせかけられたような気持ちになったことであろう。

警察庁の統計によれば、事故が起こった八九年度の遭難者総数は七九四人。そのうち中高年者（四十歳以上）は全体の五三・三パーセントに当たる四二三人。それが二〇〇一（平成十三）年度になると、遭難者総数は一四七〇人と倍増。うち中高年者は一一二七人で、全体の七六・六パーセントを占めるまでになっている。また〇一年度の遭難者総数のうち死者・行方不明者は二四三人であったが、なんとその九〇・九パーセントに当たる二二一人が中高年者なのだ。

事故から十年余りの間に、中高年の登山ブームは〝ブーム〟ではなく〝現象〟として当たり前の山の光景となり、それに伴って中高年登山者の遭難事故はますます増加していった。つまり、中高年層によって支えられている当時から今日までの日本の大衆登山というものを象徴し、なおかつ現在の中高年登山者の〝遭難ブーム〟を暗示したのが、立山での大量遭難事故なのである。そういう意味では、日本の大衆登山史上および山岳遭難史上に残る、極めてシンボリックな事故であったといえるだろう。

そのことが、本書でこの事故を取り上げようと思った要因のひとつにもなっている。

取材に当たっては、まずは生存者のふたりにインタビューを申し込んだ。しかし、書面での依頼に対してふたりとも断わりの手紙を送ってきた。

ひとりの手紙には、「この事故については、当時、いろいろな人が検証し、自分もまったくそのとおりだと思うので、今さら話すことはなにもない」というようなニュアンスのことが書かれていた。彼は、今でもテレビに遭難の映像が映ると、チャンネルを変えてしまうのだという。彼とはもう一度だけ手紙でやりとりをし、書面でいくつかの質問に答えてくれた。

もうひとりからは、「お断わり申し上げます」とひとことだけ書かれた手紙が送られてきた。せめて電話ででも話を聞かせてもらえないものかと、何度も電話をかけたのだが、家人が出て断わられるばかりで、本人とは一度も直接話すことができなかった。

というわけで、事故当時の状況をいちばんよく知る生存者にはどうしても話を聞くことができなかった。が、八人の遺体をいちばん最初に見つけた内蔵助《くらのすけ》山荘の佐伯常行と、救助活動に携わった天狗平山荘の佐伯賢輔、それに生存者が救助を求めた剣御前小屋（現在の劔御前小舎）の元従業員、菅野博がインタビューに応じてくれた。

以下は、そのインタビューと、事故を報道する新聞記事、および『山と溪谷』一九八九年十二月号掲載の検証記事をもとにして構成したものである。なお、遭難者

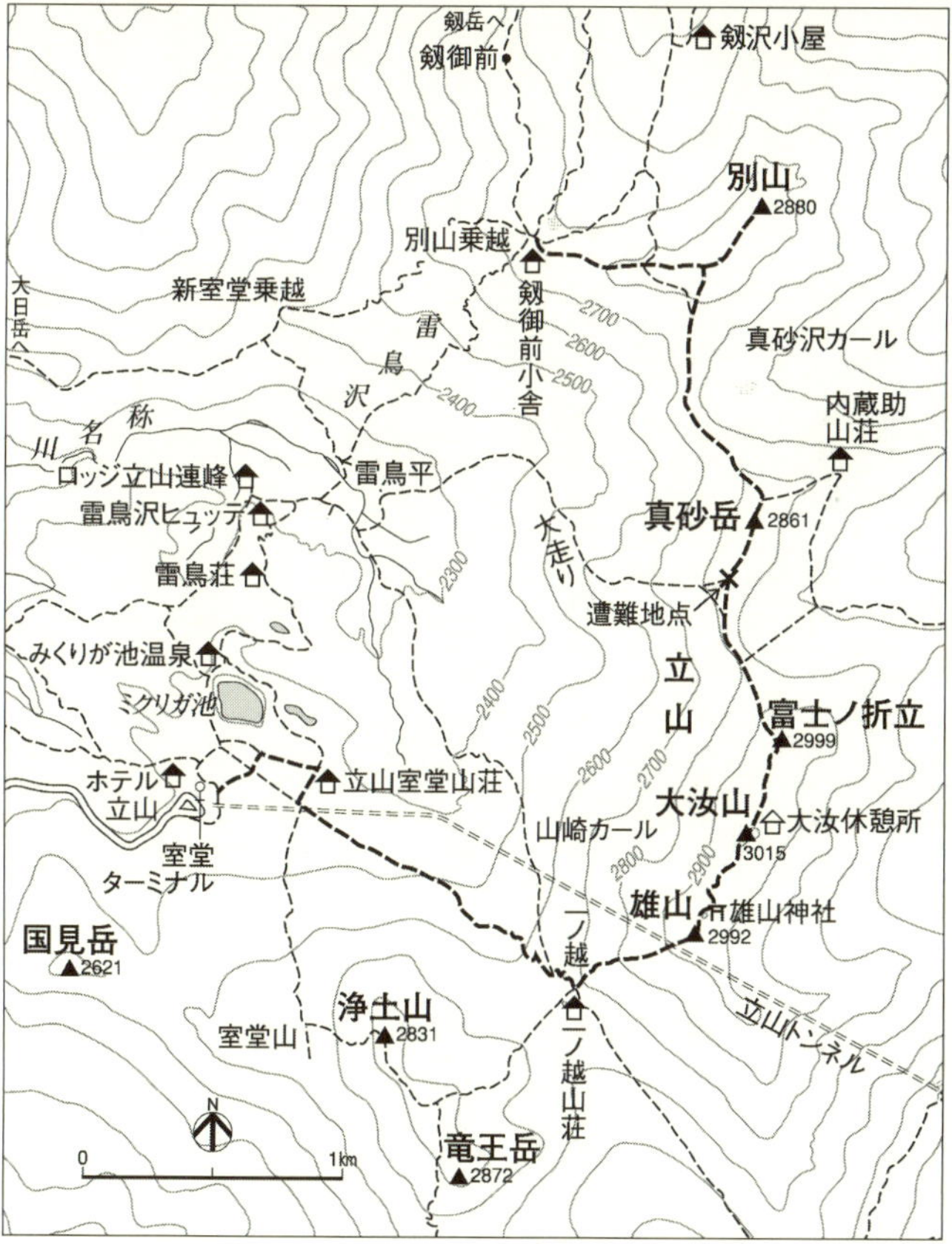

剱岳へ
剱御前
剱沢小屋
別山
2880
別山乗越
剱御前小舎
新室堂乗越
大日岳へ
雷鳥沢
真砂沢カール
内蔵助山荘
称名川
ロッジ立山連峰
雷鳥平
雷鳥沢ヒュッテ
真砂岳
2861
大走り
雷鳥荘
遭難地点
みくりが池温泉
ミクリガ池
立山
富士ノ折立
2999
ホテル立山
立山室堂山荘
大汝山
大汝休憩所
3015
山崎カール
室堂ターミナル
雄山
雄山神社
2992
国見岳
2621
一ノ越
浄土山
2831
室堂山
一ノ越山荘
立山トンネル
竜王岳
2872
N
0
1km
2300
2400
2500
2600
2700
2800
2900

十名の名前はすべて仮名とし、報道記事からの引用に名前があるものも仮名に変えてある。

天気の急変

その年の十月八日、立山三山の主稜線から東に五分ほど下ったところにある内蔵助山荘のオーナー、佐伯常行（四十五歳）は、朝起きてみて、キツネにつままれたような気分になった。前日の天気予報では「明日、山は大荒れになる」と繰り返し言っていたのに、目覚めてみたら、雲ひとつない完璧な快晴の空が広がっていたからだ。

七日、小笠原諸島付近には台風25号があり、それが日本の東海上に移動してくる翌八日は、一時的に冬型の気圧配置になるものと見られていた。おまけに中国東北部には強い寒気団が南下してきていた。日本海側の山々が大荒れになることは間違いなかった。

ところが予想に反しての快晴である。常行が戸惑ったのも無理はない。

この年の秋の連休は、十月七日の土曜日から十月十日火曜日の体育の日まで。例年この時期、立山の室堂周辺はちょうど紅葉の最盛期となり、大勢の観光客や登山者がアルペンルートを利用して標高二四五〇メートルの室堂にやってくる。登山者はそこからさらに立山三山や剱岳を目指して登山道をたどり始める。

七日は快晴とまではいかないまでもまずまずの天気で、内蔵助山荘にも多くの登山者が登ってきていた。だが、翌日は荒れ模様という生憎《あいにく》の予報である。常行は、小屋に泊まっていた登山者に、「明日はすごく天気が荒れるようだから、行動は控えたほうがいい」と告げていた。日帰りで剱岳に登るつもりだという登山者には、「気の毒だが、明日は諦めなきゃダメだ」とも言った。

それが翌朝はまさかの快晴となった。天候悪化の兆しなどなにひとつ見えない、非のうちどころのない快晴であった。となれば、登山者を引き止める理由はない。前日に「荒れる」と言った手前、バツの悪さを感じながら、常行は「無理せんで行ってこいよ」と言って登山者を送り出した。

天狗平山荘の佐伯賢輔（三十歳）は、この日の天気図を今でもよく覚えている。朝、起きてみて晴れているのが不思議なくらいだった。が、数時間後には吹雪になることは間違いなかった。だからこう言って登山者を見送った。

「必ず吹雪くから、早く行って、早く帰ってきなさいよ」

天候は、午前九時になって突如として急変した。パラパラと雪が落ちてきたなと思う間もなく、にわかにあたりは真っ暗になり、強い風が吹き出した。そして数分とたたぬうちに、季節外れの猛吹雪となった。常行がこう言う。

「きっかりと時間を計ったように、九時になったとたん天気が荒れだしたんです。ふつうだったら徐々に悪くなるんですけど、あのときは快晴の天気からいきなり悪くなりました。私も山に入ってもう二十年近くになりますが、あれほど急激に変わったというのはあのときだけで、ほかには記憶にありません」

常行が気になったのは、剱岳に向かった登山者のことだった。今のようにほとんどの人が携帯電話を持っているという時代ではなかったから、連絡のとりようもない。

「こりゃあ弱ったなあ。どこか近くの小屋に避難してくれていればいいんだけど」

やきもきしながら待っていると、その登山者は、十一時ごろになって小屋にもどってきた。天気が悪くなったため、頂上まで行かずに途中で引き返してきたのだった。

それからしばらくして、五、六人の中高年のパーティが小屋に逃げ込んできた。彼らは吹雪を小屋でやりすごし、天気が回復したら行動を再開するつもりでいた。しかし、吹雪はいっこうにおさまる気配がない。しびれを切らし、「この先の予定もあるので出発します」という彼らを、常行は「この吹雪じゃ無理だろう」と言って引き止めた。が、「どうしても行きたい」と言ってきかなかったので、「だったら、稜線に出て判断しなさい。もし無理そうだと思ったら、必ず引き返してきなさいよ」と言って送り出した。

案の定、彼らは三十分も経たないうちにもどってきた。

吹雪はその後もずっと続き、そのパーティは予定を変更して内蔵助山荘に一泊することにした。夜、常行と宿泊客らが談笑している場で、小屋の窓を叩く風雪を横目で見やりながら、パーティのメンバーのひとりが言った。

「やっぱりオヤジさんの言うことを聞いてよかったよ」

この日の午後四時ごろ、室堂にある富山県警山岳警備隊の派出所に一ノ越山荘から連絡が入った。雄山に登った男性登山者がまだ帰ってこないのだという。

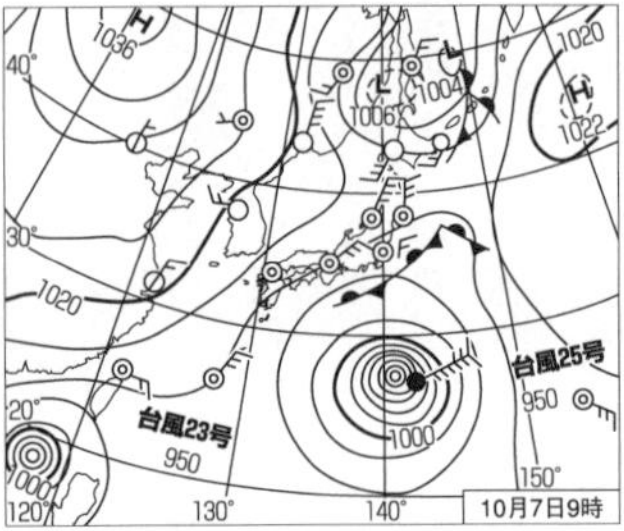

地上天気図①

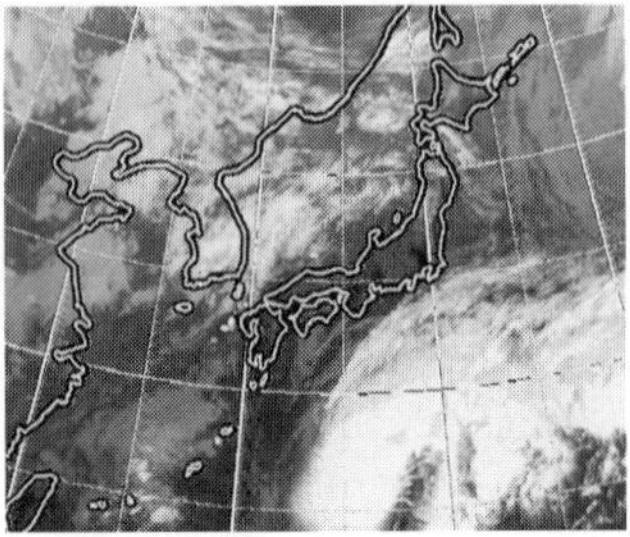

雲の画像①

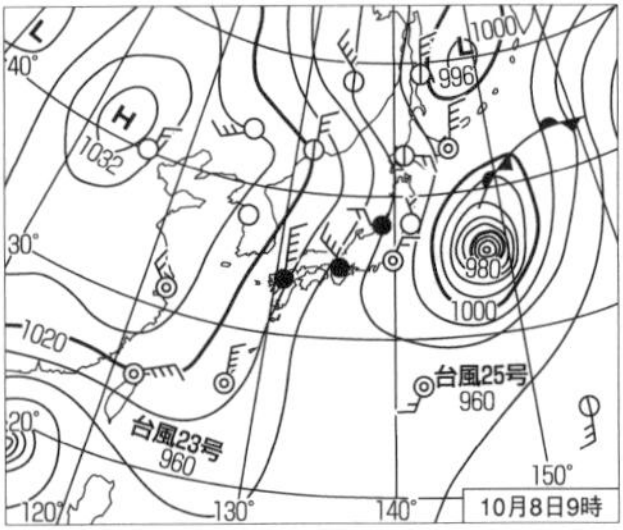

地上天気図②

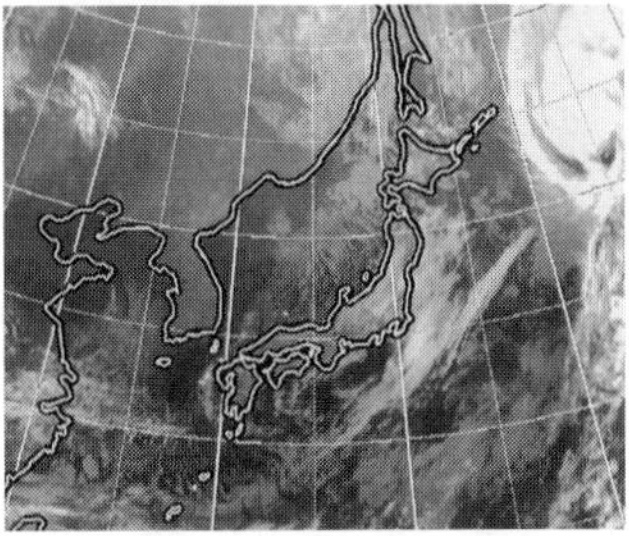

雲の画像②

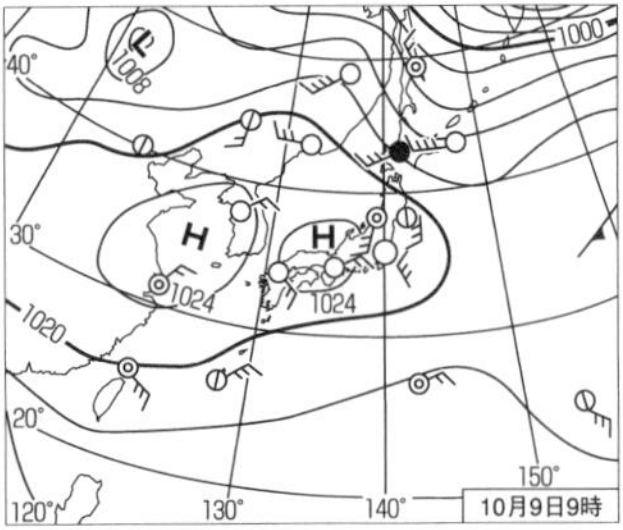

地上天気図③

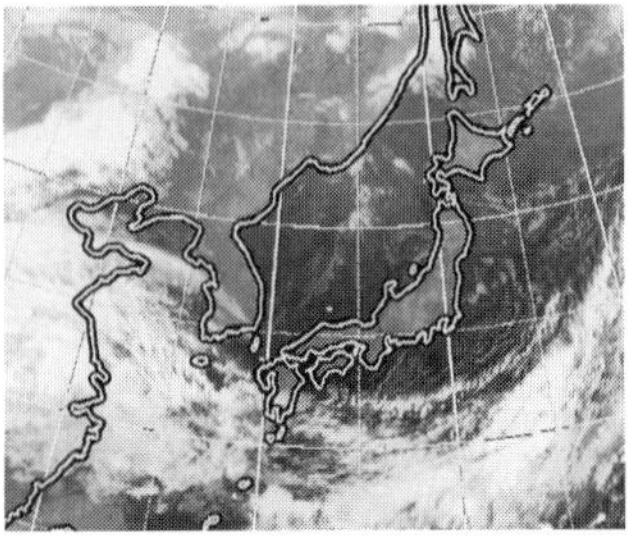

雲の画像③

写真①

写真②

台風が本州南方海上を北東に向かって進みつつあった7日、雲の画像①に見られるように、北アルプスあたりは快晴とまではいかないものの、空の一部に巻層雲や小さな積雲が浮かぶ程度で、まずまずの天気であった。しかし、遭難パーティが立山に入山した8日、地上天気図②からもわかるように、台風は三陸沖に去っているので問題はないが、大陸から強い高気圧が張り出してきていた。天気予報が「荒れ模様」と告げていたのはそのためである。高気圧の張り出しに伴って温度が下がり、3000メートル級の山岳地では氷点下30度ぐらいになることがわかったはずだ。風速を考えると、体感温度はマイナス60度にまで下がっていたであろう。

また、雲の画像②には、日本海上にある筋状の雪雲がくっきりと写っている。もし遭難パーティが室堂から一ノ越山荘へ登っていく途中で振り返っていたら、この雲の前面にあたる層積雲の〝土手〟(写真①)が見られたはずである。事実、その日の9時前には立山一帯が写真①の雲に覆われて写真②のような状況になり、猛吹雪に見舞われることになる。このときに一ノ越山荘に避難していれば、事故は起こらなかった。翌9日には地上天気図③の気圧配置となり、雲の画像③のようないい天気に恵まれたのである。

その男性は妻とふたりで一ノ越山荘から雄山に向かったが、足の冷たさに耐え切れなくなった妻が途中から一ノ越山荘に引き返したため、ひとりで登山を続行。ところが夕方になってももどってこないことから、妻が救助を要請したのだった。「救助要請が出されている登山者がそちらへ来ていないか」という連絡は、内蔵助山荘にも入ってきた。しかし該当する登山者は見当たらなかった。常行は宿泊客にも「こういう人を見かけなかったか」と聞いてみたが、みな首を横に振るばかりであった。

夕方になって、吹雪はますますひどくなってきた。そのなかを、富山県警の山岳警備隊員と民間の協力隊員が雄山を中心に捜索を行なった。が、夜八時三十分ごろまでの捜索の甲斐なく、遭難者を発見できないまま、この日の捜索は打ち切られた。

関係者は、真冬並みの風雪のなかで一夜を過ごすであろう男性の安否を気づかった。

だが、標高三〇〇〇メートルの夜の山中で吹雪に打たれていたのは、彼だけではなかった。吹きさらしの稜線には、息も絶え絶えになった十人の中高年登山者がほかにもいたのである。

十月七日の午後六時ごろ、滋賀県大津市にある宮本彰夫（仮名・四十五歳）の自宅に、今回の山行をともにする仲間が集まった。一行は京都と滋賀の税理士を中心とした十人のグループで、毎年秋に顔見知りの仲間に声を掛け合って定例山行を実施していた。

十人中、比較的よく山に登っていたのが宮本と保坂善明（仮名・六十六歳）。両者の山行頻度は年に五、六回ほどで、槍ヶ岳に登った経験もあるとのこと。守本進一郎（仮名・五十九歳）とその妻・真知子（仮名・五十九歳）、佐野秀征（仮名・六十一歳）、飯塚喜美恵（仮名・五十六歳）も、仲間うちでは山好きとして知られていた。ほかの四名、須田茂樹（仮名・四十八歳）、横山均（仮名・五十四歳）、栗本和典（仮名・六十一歳）、保坂の妻の純子（仮名・四十六歳）の山の経験については不明である。

今回の山行計画は、保坂と守本が立てた。題して「89年恒例秋山と温泉めぐり」。計画によると、連休に伴うアルペンルートの混雑を避けるため、一行は十月七日の夕方に滋賀を出発。翌朝いちばんのケーブルカーに乗り、美女平で高原バスに乗り換えて室堂へ。この日は一ノ越、雄山、大汝山、富士ノ折立、真砂《まさご》岳、別山と縦走して剣御前小屋に宿泊。翌九日は、別山尾根から剱岳を往復するグループと、剱沢および雷鳥沢周辺を散策するグループの二班に分かれて行動し、夕方には合流してロッジ立山連峰に宿泊。温泉でゆっくり汗を流し、翌十日に下山して滋賀、京都に帰ることになっていた。計画段階で話ははずみ、雄山の山頂ではみんなで豚汁をつくって食べようということになった。後日、事故を報道する十月九日付の朝日新聞夕刊には、守本真知子の母親のコメントがある。

〈娘は山の上で食事をするんだといって、ネギを切ったり、ブタ汁の用意をしていきました。寒いところだというので、セーターも持っていったはず。出がけに、気をつけてねと声をかけたら、飼っている犬の世話をお願い、と笑って車に乗り込んだけど……〉

七日の夕方、平均年齢五十五・五歳の一行十名は、宮本のライトバンとレンタカーに分乗し、名神高速道路、北陸自動車道を経由して一路、富山へと向かった。玄関口となる富山地方鉄道の立山駅に到着したのは午後十一時三十分ごろ。車は駅のそばの駐車場に停め、近くに張ったテントと車内とに分かれて仮眠をとった。

八日の朝は午前五時三十分に起床し、六時三十分発のケーブルカーに乗って美女平まで上がり、さらに高原バスを乗り継いで八時に室堂ターミナルに到着した。ここでパン、ハム、チーズ、サラダの朝食をとり、八時四十五分ごろに一ノ越へ向けて行動を開始。早朝にはみごとに晴れ渡っていた空も、このころにはすでに曇り始めていた。前日、日本海上に見られた筋状の雪雲（層積雲や積雲、高層雲）が、北アルプス一帯を覆ったのだ。

「もし遭難したパーティが一ノ越山荘へ登っていく途中で空を見ていたら、雪雲の前面にある層積雲の〝土手〟が見られたはずです。気象の知識のある人だったら、それを見て天気が崩れることを予想することができます。だけどこのパーティは予想できなかった。たぶん観天望気というものを知らなかったのでしょう。山に登る人は、せめて観天望気の知識を身につけて、山では注意深く空を観察してもらいたいのですけどね」（飯田睦治郎）

一行は、食料として昼食用の豚汁の材料のほか、フランスパン二十切れ、ヒートパックライス二十袋、ラーメン五袋、餅二パックなどを持っていた。個人装備については、革製の登山靴を履いている者、布製の軽登山靴を履いている者、ニッカーズボンの者、綿のズボンの者、透湿性防水素材の雨具を持っている者、ビニールの雨具で間に合わせた者など、それぞれバラバラであった。その装備の差が、結果的に明暗を分ける一因にもなった。仮眠をするときに使ったテントは車の中に置いてきていた。

一ノ越山荘への登山道を登っていく途中、行程の三分の二を過ぎたところで雪が落ちてきた。午前九時五十分、小屋に到着したときには早くもあたりは吹雪になっていた。

その四十分後の十時三十分、休憩中に吹雪が強まっているにもかかわらず、十人は予定どおり雄山への縦走路をたどり始める。

〈一ノ越山荘の中で休憩している間に、雪が激しくなったが、メンバーの間から引き返そうという意見は出ず、頂上を目指した〉（宮本談　十月十日付朝日新聞より）

一ノ越山荘に着くまでは全員が元気で、疲労を訴える者もなかったということだが、小屋を出てしばらくすると、疲れが見える者も出始めた。

〈かなりの降雪があり、風も強くなってきて、守本さんや保坂さんはかなり疲れてきていたようだった〉（宮本談『山と溪谷』一九八九年十二月号より）

雄山に着くまでの間に何人かが遅れがちになり、十人のパーティはいつの間にか二つのグループに分かれていた。先頭のグループが雄山に到着したのは正午過ぎ。あとのグループは、約十分遅れで着いた。

一ノ越から雄山までは標準コースタイムで約五十分の行程である。それを一行は一時間三十分かけて登ったことになる。室堂から一ノ越まで、コースタイムで一時間三十分のところを約一時間で登っていることを考えると、このころから計画が大きく狂い始めてきたといっていい。だが、彼らはそのことに気づかない。

十人は吹雪を避けるために社務所の軒下に入り、予定どおり豚汁とヒートパックライスの昼食をつくり始めた。

「私が豚汁を作って、みんなで食べました。でもこのとき、女の人ふたりはあまり食欲がないようでしたし、保坂さんは足にケイレンを起こしていた。また、めまいがするという人もいました。守本さんはあたたかいものを食べろといいました。守本さんの決定で剣御前小屋へ向けて出発しました」（宮本談　『山と溪谷』一九八九年十二月号より）

このパーティのリーダーは、事前にははっきりと決められていなかったようだ。ただ、守本と保坂が山行計画を立てたことから、おのずと守本がリーダー的立場になっていたという。その守本が、登山の続行を決断した。

午後一時三十分ごろ、一行は雄山を出発する。足にケイレンを起こした保坂の荷物は、ほかの者が背負って歩いた。大汝山周辺に来たころから再びパーティは二つのグループに分かれた。先行が四人、後続が六人。その六人の足取りもしだいに乱れ、だんだんとバラバラになっていってしまう。

雄山を発って約二時間、後続の六人グループはまだ富士ノ折立を下っているところだった。標準コースタイムで雄山から三時間歩けば、その日に泊まる予定になっていた剣御前小屋まで行ける行程である。ところが彼らは、午後三時三十分になるというのに、まだ行程の半分強ぐらいまでしか来ていなかった。

このあたりで六人は、後ろから来たふたり組の登山者に追い越される。そのときの様子を、ふたり組は次のように伝えている。

〈富士ノ折立を下った地点から別山の巻き道合流点まで、常時西風が強く当たり、吹雪となっていて、視界は5〜10メートルぐらいだったと思う。

富士ノ折立の下りで、われわれに気づいた6人パーティの最後尾の人が、パーティに道を開けるように指示した。このとき2人の男性が2人分の荷物を背負っていた。6人のうち1人は杖をつき、手袋のない人もいた。ほとんどの人が軽登山靴なのが気になった。われわれが追い越すとき、1人が少しイライラした様子で〝山では動いていないと遭難する。座り込むな〟〝そんなことをしていると転ぶ。そうだ足を出せ〟などと激励を飛ばしていた。

6人を追い抜いたとき気になったので、だいじょうぶですかと声をかけると、先頭の人が1時間ぐらいで下ろしますから、と言い、さらに剣御前小屋まで行くつもりだということ、このほかに先行パーティが4人いることなどを確認した〉（『山と溪谷』一九八九年十二月号より）

一方、先行していた四人のグループはというと、先頭を歩いていた佐野が富士ノ折立と真砂岳の間の鞍部のところで道を間違え、大走りコースのほうへ入り込んでいってしまった。間もなくして間違いに気づき、分岐点までもどったが、そこから先へは進まずに後続のグループを待つことにした。待っているうちに、やがてひとり現われ、しばらしてまたひとりが姿を現わした。後続の六人は完全にバラバラになっていた。

最後に、守本が栗本を抱きかかえるようにしてやって来た。後続の六人全員がそろうまでに、四十分ほどかかったという。とにもかくにも、パーティの全メンバーが分岐点に集まった。時計の針は午後四時三十分を指していた。

すでに栗本は自力では歩けないほど疲労困憊していた。

〈守本さんが泣きながら励ましていたが、栗本さんは起きているかどうかもわからない状態だった〉（宮本談　十月十日付朝日新聞より）

目がうつろになっていた栗本の手や足を叩いたり、ウイスキーのお湯割りを飲ませたりして介抱に務めたが、栗本の意識は混濁したままだった。

この時点でようやく守本は救助を要請することを決め、宮本と須田に「内蔵助山荘まで行って救助を求めるように」と指示を出した。

午後五時、ふたりは八人をその場に残し、真砂岳への登りにとりかかった。が、ここまでの行程で須田はかなり体力を消耗していたようで、分岐から一〇〇メートルほど行ったところで早々と荷物を放棄し、空身で歩き始めた。

分岐から内蔵助山荘までは、三十分もかからない距離である。晴れてさえいれば、知らせを受けた小屋の者が一時間もしないうちに現場に駆けつけていただろう。だが、結局、宮本と須田は内蔵助山荘にたどり着けなかった。吹雪で視界が遮られ、道がわからなくなってしまったのだ。

仕方なくふたりは目標を剣御前小屋へ変えて進んだ。吹きさらしの箇所は雪が凍りついていて滑るため、なるべく雪が積もっているところを歩いた。

いつの間にか、山には夜の帳が下りていた。別山への登りは雪が深く、体力を急激に消耗した。ことに須田の疲労が激しかった。闇と吹雪で方向を定めることができず、あちこち歩き回り、気がついたら別山の山頂に立っていた。時間は午後八時三十分になっていた。

〈このままでは体力を消耗するばかりなので、ここでビバークすることにしました。須田さんはもうほとんど動けないくらいに疲れきっていました〉(宮本談『山と溪谷』一九八九年十二月号より)

ふたりは別山のケルンの横の雪をかきわけて座り込んだ。ガソリンコンロに火をつけようとしたが、火はつかなかった。そのままのかっこうで寄り添い、非常食を分け合って食べ、眠らないように歌をうたったりしながら、じっと朝を待ち続けた。

富士ノ折立からの下りで六人を追い越していったふたり組の登山者は、午後五時四十分ごろ、剣御前小屋に到着した。このとき、小屋には菅野博（三十三歳）を筆頭に七人ほどの従業員がいた。

例年、この時期はかなり混み合うので、小屋では通常より多い従業員を配して対応に当たろうとしていた。ところが、予期せぬ吹雪にあては大きく外れた。菅野が言う。

「例年だったら一五〇人ぐらいは泊まるんですけど、このときは六十人ぐらいだったと思います。ほとんどの方は、天気が悪くなったらキャンセルの連絡もなしに来なくなりますんで。まあ、小屋には電話もないから、連絡のしようもないんですけどね」

この日は下におりていた従業員が登ってくることになっていたが、「この天気では無理をしないほうがいい」ということで室堂に泊まらせることにした。

「毎年、十月十日ごろまでは、雪が降っても積もらないんです。でもこのときは、けっこうな積雪になったと思います。この時期に吹雪で積雪になるなんてことは、それまでにはまずなかったはずです。だからかなり異例のことだったんじゃないですか」

実はこの日のうちに、菅野は立山三山を縦走中の十名について富山県警の警備隊に報告を入れている。菅野の記憶にはないのだが、おそらく小屋に到着したふたり組の登山者が、「途中で追い越した六人パーティと四人パーティが、この小屋に泊まる予定だと言っていた」と菅野に伝えたのだろう。警備隊は、救助要請が出されていた前述の遭難者の足取りをさぐるため、周辺の山小屋に問い合わせの連絡を入れていた。その連絡が剣御前小屋に入った際に、菅野が「六人と四人の二パーティがこちらに向かっているとのことだが、まだ着いていない」という話をしたのだった。

だが、この二パーティ（実際にはひとつのパーティが二グループに分かれてしまっていたもの）から救助要請が出されていたわけではない。もしかしたら予定を変更して室堂に下りたかもしれないし、風雪をしのげる場所でビバークしているかもしれない。警備隊としても、剣御前小屋に着いていないからといって、ただちに遭難と断定するわけにはいかなかった。

が、万一ということもあるし、救助要請が出されている遭難者もいる。このため警備隊は、八日の夜のうちに隊員の一部を室堂の警備隊派出所へと投入した。夏のシーズン中や連休時の派出所は八人体制が組まれているのだが、これを増強したのである。

それにしても、と思うのは、富士ノ折立からの下りで六人がふたり組の登山者に追い越されたときに、なぜ救助を要請しなかったのか、ということだ。もしこのときに「救助要請をお願いします」とひとこと言っていれば、最悪の事態は免れられたはずである。一行はそこからわずかに下った分岐のところでようやく救助要請のための行動を開始したが、もうそのときにはすでに機を逸してしまっていた。

捜索

十月八日に吹き荒れた風雪は夜中のうちにおさまり、翌九日は朝からいい天気に恵まれた。朝六時前、ちょうど朝食の準備をしているときだった。まだ撤去していなかった小屋の公衆電話が鳴り、常行が受話器をとった。

それは救助隊からのもので、「そのあたりでビバークをしているパーティがいるかもしれないから、確認してきてくれないか」という連絡だった。前日、剣御前小屋に到着していないパーティがいることを菅野から聞いた警備隊が、念のためにと常行に偵察を依頼したのだった。

じゃあちょっと見てくるかと、軽い気持ちで外に出た常行は、わずかに進んだところで慌てて引き返してきた。小屋から稜線までが吹き溜まりになっていて、胸までの積雪があったからだ。今度はしっかりと雪山用の完全装備に身を包み、双眼鏡と無線機を携えて再び小屋をあとにした。常行が振り返って言う。

「あの時期に膝ぐらいまでの積雪になったことは何度かあったんですよ。でも、稜線に出るのにあれだけ苦労したのは初めてでした。その後もあんなことは一度もありません」

警備隊からの連絡によれば、「パーティは真砂岳から別山へ向かっていたので、ビバークしているとしたら真砂岳と別山の間のあたり」とのことだった。そこで稜線に出たあと、佐伯は主に縦走路の北を捜したのだが、それらしきものはまったく見当たらなかった。

六時三十分ごろ、いったん諦めて小屋にもどったところに、再び警備隊から電話が入った。遭難したパーティのうちのふたりが剣御前小屋にたどり着いたという連絡だった。

別山の山頂で一晩をビバークした宮本と須田は、周囲がやや明るくなってきた午前三時三十分ごろ、剣御前小屋へ向けての行動を再び開始した。疲労の激しい須田を宮本が後ろから押すような形で、ふたりは一歩一歩、雪に覆われた登山道をたどっていった。

一方、剣御前小屋では宿泊客が午前五時前から身支度を始め、ご来光の写真を撮るために次々と小屋をあとにして別山方面へ向かっていた。昨日の吹雪が信じられないような、いい天気の朝だった。

ちょうど日の出となったとき、小屋から二つ目のピークを過ぎたあたりに、ふたりの人がうつぶせに倒れているのを、登山者のひとりが発見した。宮本と須田であった。

〈一人は消耗して口もきけない状態だったが、もう一人の赤いヤッケを着た人は「ほかに八人が待っている。我々二人は救助を求めに歩いて来た」といった〉（十月十日付朝日新聞より）

その登山者はただちに小屋に引き返し、「登山道に遭難者が倒れている」と菅野に告げた。菅野は数名の従業員を引き連れて小屋を飛び出したが、宮本と須田はほ

10月9日午前10時55分、真砂岳の稜線で遭難現場を捜索する救助隊員　写真提供＝共同通信社

かの登山者の助けを借りて小屋のすぐそばまで運ばれて来ていた。

午前六時三十分ごろ、ふたりは危機一髪のところで剣御前小屋に担ぎ込まれた。菅野は小屋の一階の小さな部屋にストーブを持ち込んで暖め、そこに布団を敷き、ふたりを着替えさせて休ませた。その間に残りの八人がどのあたりにいるのかを手短に聞き出し、それを無線で警備隊に知らせた。


情報は内蔵助山荘の常行にもすぐに伝えられた。宮本と須田が救助されるまでは情報が錯綜していて、救助隊でも多少混乱していたようである。が、菅野からの連絡により、残る八人は真砂岳のあたりでビバークしているらしいということが判明した。

「だったら、もう一回全体的に見直してみようということで、今度は逆方向へ向かったんです」

真砂岳の山頂に立った常行は、双眼鏡をのぞきながらしばらく周囲を捜索した。その常行の目に、大汝山のはるか下の斜面をひとりで歩いている人物が飛び込んできた。着ているウエアの色が、前日に妻から捜索願いが出されていた男性のものと同じであった。そのあたりに登山道はなく、ふつうだったら歩いている人がいるはずはない。

常行はただちに「昨日、照会のあった遭難者と同じ色のヤッケを着た人が室堂へ向かって下りていっている」と警備隊に連絡を入れた。間もなくして、男性は駆けつけた警備隊員によって無事、保護された。

のちに男性が語ったところによると、彼は妻と別れたあと、ひとりで雄山に登り、その帰りに一ノ越へもどる途中で道がわからなくなり、山崎カールのほうへ迷い込んでしまったとのことである。夜中まであちこちさまよっていたようだが、朝四時ごろになってから岩陰でしばらく休み、七時ごろから再び歩き始めたところを常行に発見されたのだった。

一件落着してホッとしたのも束の間、残る八人がまだ発見されていない。気を取り直して再び双眼鏡を手にした常行は、富士ノ折立と真砂岳の鞍部、真っ白い雪の上に点在するものを確認した。「こりゃあ間違いないな」と思って斜面を駆け下りてみたら、やはりそれは変わり果てた姿の八人であった。

八人のうち三人は寄り添っていたが、ほかの者はバラバラに倒れていた。周辺にはガスコンロやビスケット、ビニールシート、ヤッケなどが散乱していた。最後はパニック状態だったのだろう。常行は警備隊に一報を入れたあと、「おい、しっかりしろ」とひとりひとりに声をかけながら頬を叩き、肩をゆすっていったが、誰ひとりとして反応する者はなかった。

蠟人形のように真っ白になった者、座った体勢で空を指さして硬直している者、目を開けたままの者……、完全に手遅れであった。が、遭難者の名前や住所を確認するため、常行がかたわらに転がっていたザックのひとつを開けていたときだった。寄り添って倒れていた三人のうちのひとりが、いきなりムクッと顔を上げてこう言ったのだった。

「……救助隊の方ですか……」

男性は同じ言葉を三回繰り返した。そのとき、やはり寄り添って倒れていた女性の手がピクピクと動いた。全員亡くなっているものと思い込んでいた常行は、まだ息がある者がいたことに驚きながらも励ましの言葉をかけた。

「そうだ、助けに来たぞ。がんばれ」

だが、男性はその言葉には応えずにまた顔を伏せてしまい、女性の指ももう動か

10月9日午前10時55分、真砂岳の上空から、遭難現場である主稜線を望む　写真提供＝共同通信社

なかった。そのあといくら声をかけても、ふたりからの反応は返ってこなかった。

常行は再び無線で警備隊を呼び出し、「ふたりはまだ生きている」と告げ、大至急、毛布を持ってくるようにと小屋への伝言を頼んだ。

開けてみたザックの中には免許証があり、警備隊に問い合わせてみると、やはり行方の知れなかった八人パーティに間違いないことが判明した。

三十分もしないうちに、内蔵助山荘から若い者が毛布を持って駆けつけてきた。常行はまだ息のあったふたりを毛布でくるみ、そのまま警備隊の到着を待った。

天気が回復したとはいえ、風はまだかなり強かった。まともに風を受ける稜線上ではみるみるうちに体が冷たくなってくるので、そう長くじっとはしていられない。警備隊を待つ間、常行は風を避けられるところへ移動して待機していた。

「ほんとに吹きさらしのところに倒れていたんです。そこから二、三メートル下がれば、陰になっているところがあって、風雪を直接受けないですむんです。だから、倒れていた場所にたどり着くのが精一杯で、あとはなにも考えられなかったんじゃないですかね。せめて風だけでも避けていれば、あるいはふたりの方は助かったんじゃないかと思ったりもするんですけど……」

10月9日午前10時57分、10人パーティが遭難、8人が死亡した真砂岳の現場　共同通信ヘリから

警備隊がやってくるまでに、何人かの登山者が現場を通りかかった。なかには興味本位で写真を撮ろうとする者もいた。それを常行は、「こういう写真は撮るもんじゃないよ」と言っていさめた。

天狗平山荘の賢輔のところに警備隊から電話がかかってきたのは、朝食の準備で走り回っている六時ごろのことだった。警備隊から協力を求められるときは、「ちょっと手を貸してくれ」的なお手伝い感覚の要請が多かったのだが、このときはいきなり「動けるか？　大変なことが起こっている」と言われた。

「遭難だ。ひとりやふたりではない。十人ぐらい行方不明になっている」

そう言われて、賢輔には「昨日の吹雪でやられたんだな」とピンときた。天狗平山荘からも三パーティが縦走に出ていったが、猛吹雪に遭って引き返してきていた。

間もなくして、工事のための物資輸送のヘリコプターが天狗平に飛んできた。このヘリのフライトプランを無理矢理変更してもらい、賢輔は警備隊員らとともにヘリに乗り込んで現場へと向かった。一ノ越から稜線をなめるように飛んでいるときに、山崎カールのあたりをひとりで下山している登山者を発見した。続いて富士ノ折立を越すか越さないかのところで、賢輔とパイロットがほぼ同時に「あそこだ！」と声を上げた。

七時五十分、ヘリは現場に到着した。ホバリング態勢のまま、まだ息のあったふたりを機内へ収容し、ヘリは病院へと急行していった。賢輔は現場に残り、常行といっしょに遺体の収容作業や遺品の拾い集めを行なった。しばらくして再びヘリがやってきて、遺体となっていた六人を搬送した。最初に搬送したふたりは、九時四十分、入院先の病院で息を引きとった。死因は、八人全員とも凍死ということであった。


立山で八人が死亡したというニュースは、すぐにマスコミに流された。剣御前小屋の菅野は、そのニュースをラジオで聞いた。

実は菅野には、剣御前までたどりついた遭難者はひとりだけだったという記憶しかない。事故からもう十五年近くも経っているのだから、忘れるのも仕方ない。菅野の記憶にあるのが宮本なのか須田なのかはわからない。ただ、小屋に担ぎ込まれたのち、しばらくすると男性が元気をとりもどしたことだけは記憶に残っている。

「嬉しそうに話をしていたのは覚えているんですよ。『助かってほんとうによかった。嬉しい』っていう話をしていました」

だが、菅野はラジオで八人が亡くなったというニュースをすでに聞いていた。それを男性に伝えるべきかどうか迷ったが、事態は決してハッピーエンドにはなっていなかったし、少なくとも男性は自分の喜びの感情を素直に表現できるぐらいには元気をとりもどしていた。結局、菅野は男にニュースを伝えた。

八人の死を知ったとたん、男性からはたちまち喜びの表情が剝がれ落ち、しばし愕然としていたという。

この事故は、ブームの真っ只中で起こった、中高年登山者による初めての大量遭難事故となった。そして事故の直後には、生存者のひとりが手紙に書いてきたように、さまざまなマスコミによるさまざまな検証が行なわれた。

たとえばそのひとつに、装備が適切だったかどうかというのがある。十月十日前後に三〇〇〇メートルの山に登るには、装備がお粗末だったのではないかという指摘である。

秋のこの連休時と春のゴールデンウィークは、とくにアルプス級の山に登るときには最も装備に注意を払わなければいけないとされている。というのも、この時期は、天候によって山が真冬に逆もどりしたり、あるいは真夏のような暑さになったりするからだ。気候の差があまりに両極端なのである。

たしかに、助かったふたりは、革製の登山靴に透湿性防水素材の雨具、Tシャツに長袖シャツ、セーター、ニッカボッカー、毛糸の手袋、帽子といういでたちだった。かたや亡くなった八人は、「軽装ではあったですよね。吹雪のなかを歩くのに適した装備ではなかったと思います」と、発見者の常行が言う。だけど、と常行は続ける。

「十月十日の体育の日のころでも、暑いときには半袖で稜線を縦走できるときだってあるんです。だから、もし天気さえよければ、充分に通用する装備だったと思います」

亡くなった八人のザックの中には、替えの下着や靴下やTシャツなどが入っていたが、手をつけられた様子はなかったという。もし、風雪をしのげるところに避難したうえで、それらを使っていたら、結果はまた違うものになっていたのかもしれない。

しかし、常行が指摘するのは、装備以前の問題である。

「装備云々よりも、引き返す決断力があったかどうかに尽きると思います。まず勇気を持って引き返すことができたなら、この事故は防げたんじゃないですか」

一ノ越山荘に着いた時点で、その先の行動を見合わせていたら……。雄山の頂上で昼食をとったのちに一ノ越へ引き返していたら……。

この事故には、たくさんの〝たら〟〝れば〟が存在する。が、しょせんは常行が言うように、結果論に過ぎない。起こってしまったことに対し、第三者はなんとでも言える。

山での厳しい状況下では、装備の差が最終的に生死を分けることがある。だが、そういう状況に追い込まれる以前に引き返していれば、なにも問題は起こらない。いちばん重要なのは、天気がどんどん悪化するなかで、しかも装備が不充分な状況下では、いかに早く〝引き返す〟決断ができるかどうか、なのだと思う。

冬・西高東低　剱岳——異常降雪

冬の剱岳

冬型の気圧配置といえば、西高東低が有名だ。いちばん典型的なのは、西側では勢力を増したシベリア方面からの高気圧が日本付近へと大きく張り出し、東側ではオホーツク海やアリューシャン列島方面に低気圧が移動してくるというパターン。文字どおり、日本列島を境にして西側の気圧は高く、東側の気圧が低くなるわけである。

西高東低の気圧配置は、太平洋側に晴天を、日本海側には雪をもたらす。それが一、二週間持続することも珍しくなく、その間、日本海側はずっと雪に降り込められることになる。豪雪地帯が日本海側に多いのは、この冬型の気圧配置の影響にほかならない。

その日本海側、北アルプスの北部に位置する剱岳は、国内でも有数の豪雪の山として知られている。実際、冬の劔を知る者は、その厳しさはハンパではない、と口をそろえる。一晩で一メートルも降り積もる雪、容赦なく吹きつける西からの季節風、視界を閉ざす吹雪、絶えずつきまとう雪崩の危険、そしていつ回復するとも知れぬ天候――。

こうした厳しい自然条件を踏まえ、富山県は冬の劔岳における遭難事故防止のため登山条例を制定し、十二月一日から翌年五月十五日までの間に劔岳一帯の「危険地区」に登山する者に対して登山届の提出を義務づけている。もし登山届の内容が不適切な場合には「勧告」がなされる。要するに、「あなたたちの実力では冬の劔岳に登るのは無理です。おやめなさい」と言われるわけである。

冬の劔岳では、ひとたび天候が崩れたら十日や二週間吹雪かれるのは当然のこととされ、登山者もそれを想定して計画を立て、また準備を整える。「冬の劔に登ろうとする登山者は、体力も技術も国内トップクラス」という認識は、今も昔も山男たちの間に広く浸透している。逆に言えば、選ばれし登山者のみに許された世界が冬の劔岳なのだ。

しかし、冬の劔岳の過酷な自然は、時としてトップレベルの登山者の目さえ欺いて猛威を振るうことがある。一九八九（平成元）年から九〇年にかけての年末年始が、まさにそうだった。

八九年十二月二十四日、群馬ミヤマ山岳会パーティの四人は年末年始に劒岳の八ツ峰主稜を登るべく、夜に前橋を発った。会の後輩に車で送らせ、大町道路の冬期閉鎖ゲートに着いたのが夜中の二時ごろ。そのまま車内で仮眠をとり、翌朝、扇沢へ続く道路をたどり始めた。

群馬ミヤマ山岳会は、前橋商業高校山岳部のOBらが中心となって一九五二（昭和二十七）年に発足。当初は縦走や沢登りを中心に活動していたが、一九六〇年代より岩登りを本格的に始め、谷川岳一ノ倉沢に多くの足跡を残すなど先鋭的な登山を志すようになっていく。一九六九（昭和四十四）年には群馬県山岳連盟傘下の山岳会として初めて台湾の玉山に遠征。同年秋、谷川岳一ノ倉沢衝立岩に一時話題となった〝ミヤマルート〟、ディレッティシマルートを開拓した。

一九七二（昭和四十七）年、群馬県山岳連盟はネパール・ヒマラヤのダウラギリⅣ峰に遠征隊を派遣。ミヤマ山岳会から八木原圀明、松井高重郎の二名が参加したが、松井が高山病で死亡し、失敗に終わる。その雪辱戦として、一九七五（昭和五十）年秋に八木原、宮崎勉がカモシカ同人隊のダウラギリⅣ峰遠征に参加して登頂に成功。以来、このふたりがミヤマ山岳会ならびに群馬県の海外登山を牽引していくようになる。こうした背景から、ヒマラヤへ通じる登攀能力を会として養成するために、一九七五年より剱岳合宿が始められるようになったのだった。

八ツ峰主稜登攀のメンバーは、彌野光一（二十四歳）、佐藤光由（二十八歳）、小西浩文（二十六歳）、樋口宗平（五十一歳）の四人。ダウラギリⅠ峰やアンナプルナⅠ峰、エベレストなど海外の高峰への豊富な遠征経験を持つのが佐藤。パミールのコルジェネフスカヤとコミュニズムへの連続登頂、シシャパンマ無酸素登頂、マッキンリーや旧ソ連のハンテングリ登頂などでめきめきと頭角を現わしていたのが、現在は登山家として活躍する小西。いちばん若い彌野もアンナプルナやハンテングリへの海外登山を経験しており、冬の剱岳にも五、六年続けて通っていた。もうひとり、最年長の樋口は、実はミヤマ山岳会のメンバーではなく桐生山岳会の所属で、冬の剱岳へはもう十五年ほど通いつめている大ベテラン。群馬県山岳連盟下にある山岳会は、国内山行や海外遠征をジョイントして行なうケースが多く、このときも

「八ツ峰に行くならいっしょに行こう」という話になって、樋口がミヤマ山岳会の山行に参加することになったのだった。

この四人パーティのリーダーは最年少の彌野。当時を振り返って、彌野が笑いながら言う。

「僕はハメられたリーダーなんです。あの山行はミヤマ山岳会として行くということになり、メンバーのなかでは僕がいちばん多く劒に入っているからという理由でリーダーにされちゃったんです。本来なら樋口さんがリーダーになるべきなんですけど、桐生山岳会でしたからね」

ミヤマ山岳会では、もう十数年以上も続けて、毎年、冬の劒岳に入り続けていた。同会は、ひとつのルートを登るのに数年を費やしながら、冬の劒岳に足跡を印していった。この時点で、すでにほかのルートはあらかた登り終え、最後に残っていたのが八ツ峰であった。

その最後の課題に、この年、四人が挑むことになった。

同会が富山県に提出した登山届には、二十五日に扇沢から入山、ハシゴ谷乗越を経て三稜から八ツ峰に取り付き、一月二日に劒岳に登頂するという行動予定が書かれている。

つまり、入山してから剱岳山頂に達するまでに九日をみており、一月三日に馬場島へ下山、さらに予備日を一月十日までの七日間とっていた。冬の剱岳を登ろうとするのなら、これぐらい長い日程を組むのは当然のことである。だが、いくら用意周到にして行っても、必ずしもその頂に立てるとは限らない。何年も通い続けているのに、一度も登頂できずに敗退を繰り返した、なんていう話はザラにある。冬の剱岳の頂は思いのほか遠く、容易には人を寄せつけようとしない。

少雪

十二月二十五日、雪がぱらつくなか、四人は車止めのゲートから車道をたどり、関電トンネルを抜け、黒部ダムから黒部川沿いに内蔵助谷出合まで入った。いざ入山してみると、積雪は予想していたよりもかなり少なかった。剱の豪雪には過去にさんざん苦しめられてきただけに、これには四人とも拍子抜けであった。
「気持ち的には、もうこれはイタダキだなと思いました」(彌野)
翌日は、内蔵助平からハシゴ谷乗越を経て剱沢に下り、三稜取付まで行程をかせ

馬場島
阿曽原へ
下ノ廊下
小窓ノ王
剱岳
ビバーク地点
2998
八ツ峰
十字峡
2600
1800
2200
1800
2000
黒部別山
2353
剱沢
ハシゴ谷乗越
剱御前
別山乗越
別山
黒部川
内蔵助平
内蔵助谷
真砂岳
岩小屋沢岳
2630
室堂
2000
2200
2400
1800
2992
雄山
1400
針ノ木隧道
(関電トンネル)
一ノ越
黒部ダム
2678
竜王岳
赤沢岳
東一ノ越
黒部湖
扇沢
2714
獅子岳
0
3km
五色ヶ原へ

いだ。ハシゴ谷乗越から見た八ツ峰の一峰は、やはり例年に比べて雪のつき方がかなり少なかった。それを見て、佐藤も「これだけ雪が少なければ、ラッセルで苦労しないぶん早く抜けられるだろうと思った」という。

ところが、予想だにしていなかったことだが、雪の少なさが逆に四人の足を引っ張ることになってしまう。

翌二十七日は、三稜の取付からP三・四のコルまで。二十八日はP三・四のコルから第一プラトーへ。二十九日の夕刻には一峰の頂上にテントを張った。

当初、四人の頭の中のシミュレーションでは、取付から一峰の頂上まで一日で抜けるつもりでいた。春ならば一日で充分に抜けられる行程である。たとえてこずったとしても、一日余分に見ていれば大丈夫だろうと思っていた。しかし、実際に取り付いてみたら、三日もかかってしまった。例年のように雪がしっかりついていれば、雪稜どおしに登れるところである。それが少ない雪のため、部分的に岩登りをしなければならない箇所が多く出てきて、思いのほか手間取ってしまったのだ。まずこれが第一の大きな誤算だった。

入山以来、雪は小降りながらも毎日のように降り続いていた。それがこの日にな

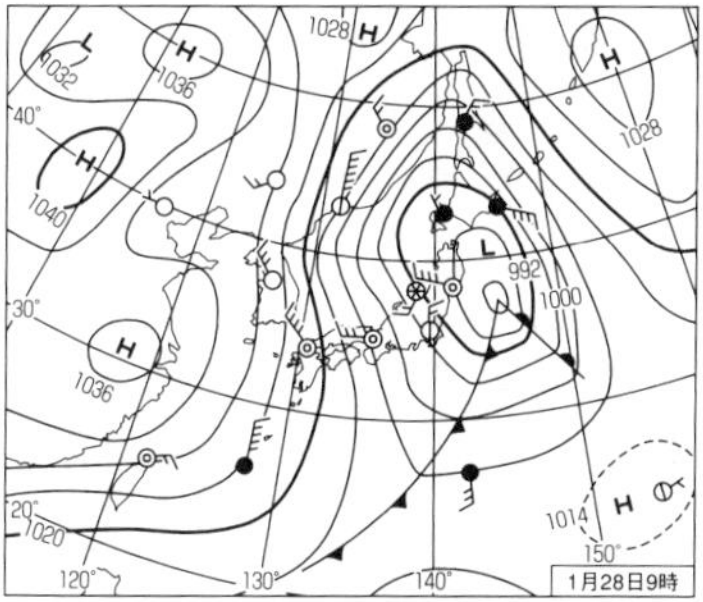

地上天気図①

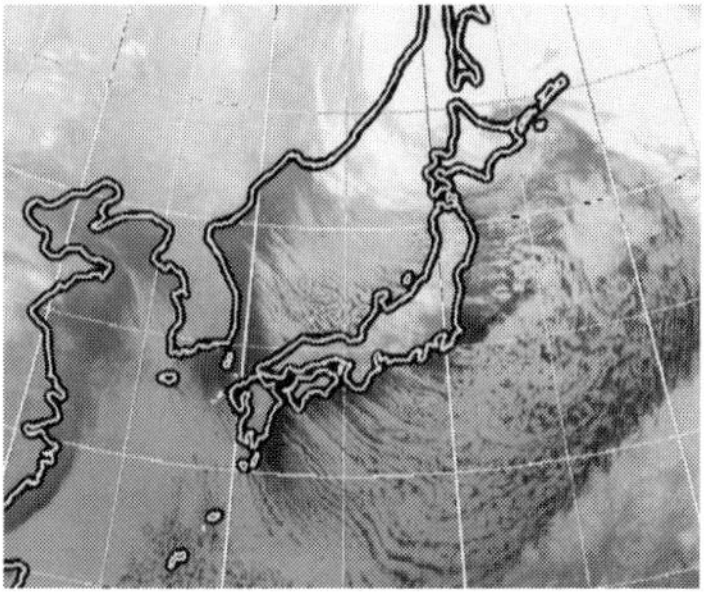
雲の画像①

1989年10月から90年2月にかけては、例年のように強い西高東低の冬型（地上天気図①）が長く続かず、移動性高気圧の影響を受けたり、日本海に低気圧が発生したり移動してきたりして、冬型の気圧配置が消えることが多かった。また、日本海上の筋状の雪雲が中国大陸の東海岸近くから発生しているほど西高東低の気圧配置は強いとみられるのだが(雲の画像①)、この冬にかぎってそのパターンも崩れがちであった。このような年の冬、剱岳一帯の降雪量は場所によって大きく異なり、積雪状態も激しく変化する。当然、岩壁などへの雪のつき方も不安定になり、登攀は困難を強いられることになる。

って若干降雪量が多くなり、一峰の頂上に着くころには風も強まってきた。夜、テントの中でラジオを聞きながら天気図をとってみると、これから冬型が強まっていくことは確実であった。外はすでに吹雪になっていた。この夜のことを振り返って佐藤が言う。

「このルートにはターニングポイントがいくつかあります。ひとつはハシゴ谷乗越。とくに冬の剱は雪の量がほかとは比べものにならないから、閉じこめられるというケースが当然出てきます。だからまずここで行くかやめるかを考えなくちゃいけません。で、次のポイントが一峰なんです。ここだったら、大雪が降っても三稜を下ればなんとか帰れるでしょう。でも、この先に突っ込んでいったら、もう下りようがありません。とにかく先に突っ込んでいくしかないんです。一峰に着いたとき、当然われわれも『さてどうするか』と考えましたが、当時、ミヤマの三人はなにしろいちばんノッている時期でした。樋口さんにしても、ものすごく行きたがっていましたし。で、『これぐらいの吹雪で山に登れなきゃ、日本の冬山なんかどこに登れるというんだあ』と誰かが言って、みんなが『そおだあ』と賛同して、ついつい突っ込んでいってしまったんです。『では帰りましょう』という声は全然出なかっ

黒部別山から八ツ峰一峰東面を望む。中央が一峰で、まっすぐ落ちる稜線が三稜　写真＝梶山 正

たですね」

三十日は朝から吹雪いていたが、行動できないほどのものではなかった。しかし、この日の行程は、一峰の頂上からすぐ目の前に見える二峰直下どまり。

「一ピッチ下りて終わりでした。視界が悪かったということもありますが、やっぱりいちばんネックとなったのは雪のつき方が悪かったことです」（彌野）

翌三十一日も吹雪。この日も雪の状態が悪く、二峰から一ピッチだけ下りた二・三のコルで行動を打ち切った。

そして年が変わった一月一日、風雪のなか、四人はさらに上を目指す。積雪量は腰から胸の下ぐらいまで。ときに頭の上まですっぽりと埋まってしまうこともある例年と比べれば、降り続いているとはいえ、雪の量はやはりまだまだ少なかった。

三峰から四峰へ向かう途中では、歩いているはしから雪面がバサッと切れて表層雪崩が落ちていった。四峰のあたりは膝上ぐらいまでのラッセルで快適に進めたが、四峰から四・五のコルへの二〇メートルほどの懸垂下降中にアクシデントが起こった。小西がトップで下り、続いて樋口が下降しているときに、支点にしていた竹ペグが抜けて樋口が墜落してしまったのだ。幸い大事には至らず、顔を数カ所切った

八ツ峰一峰三稜の登攀。この写真は 2001 年 1 月のもの

程度のケガですんだ。コルには胸ぐらいまでの深さの積雪があり、それがクッションになったからだ。しかし、ロープが外れてしまったため、小西はもう一度四峰へ登り返さなければならなかった。

その先、コルから五峰への登りには、小西がトップで取り付いた。が、いくら踏みしめても雪が固まらず、上に行くことができない。そこでダイレクトに登るのを諦め、今度は岩壁と雪のコンタクトラインに沿って登り始めた。ところが、このラインも雪の状態が悪く、ヒドンクレバスのようにぽっかりと大きな口を開けていたシュルントの中にすとんと落ちてしまった。墜落距離は二メートルほどだったのでケガはなかったが、四・五のコルから先へはどうやっても進むことができず、万事休すとなった。

仕方なく、四人はこの日の行動を打ち切った。

救助要請

ちょっと触れるだけで亀裂が走り、ドーンと落ちていってしまうズタズタの雪では、手の打ちようがなかった。確保しようがなにをしようが、雪崩に巻き込まれた

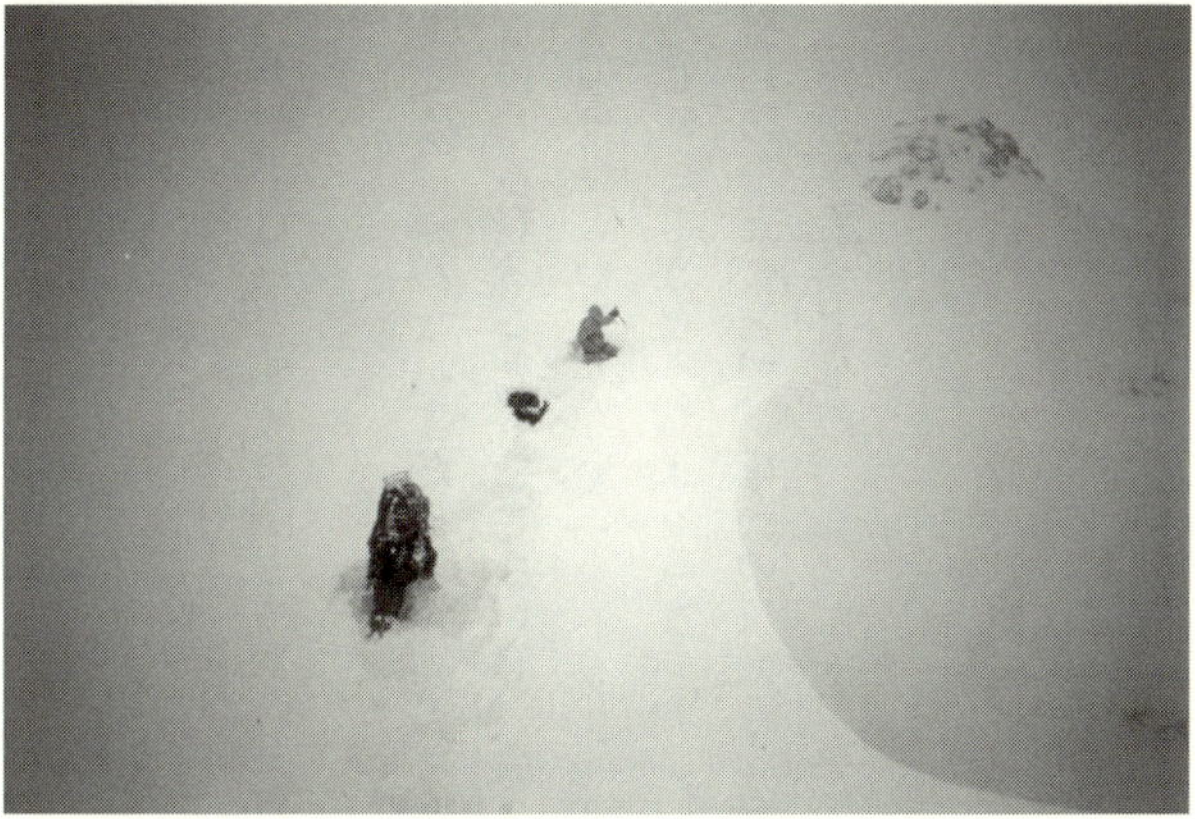

ハツ峰三峰の登り。この写真も 2001 年 1 月のもの

ら一巻の終わりである。とにかく雪が落ち着くまでは動きようがなかった。

一月二日も風雪。前進を阻まれた四人は、引き返すことを検討し始めた。しかし、四峰に取り付いてみると、昨日、小西が登り返せたところが、もうすでに登れなくなっていた。半日ほど悪戦苦闘してあれこれ試してみたが、結局、登り返すことはできなかった。

前日までは、みんな「まだまだ大丈夫」と思っていたのだが、いよいよ進退窮まった。なにしろ登ることもできないし、引き返すこともできないのである。となれば、とる道はひとつしかない。

「この雪じゃ、もうどうしようもない」

その樋口のひとことで、ほかの三人も腹を決めた。同日、四人は無線を通して富山県警に救助要請を出した。


本稿は、四人のうちの佐藤と彌野にインタビューをしてまとめたものであるが、ふたりは救助要請を決断するまでの葛藤を次のように語っている。

「どう下るかが問題だった。人手に頼るか、自力で下りるか。でも、あの雪だから、

ハツ峰三峰の下りから、右手にのびるハツ峰の稜線を望む。左手が剱岳主峰　写真＝梶山 正

自分で下りることはまず考えられなかった。実際の話、どこに踏み込んでいっても雪崩が起きた。人手に頼るといっても、あそこはとても人が入れるようなところではないから、ヘリに吊り上げられるしかない。恥ずかしいけれど僕はヘリを頼むしかないと思っていた。あの当時、われわれは群馬岳連として谷川岳で救助活動を一生懸命やっていたから、まさか自分たちが救助される側になるとは思ってもいなかった」（彌野）

「ヘリで助けられるというのは、山ヤにとっては屈辱的なこと。ヘリがない時代だったら、みんな死んでいた。しかも、こういう難ルートに死ぬ気で行っているわけだから、世間様に言わせれば『この期におよんで命請いをするんじゃない。人為的な手段に頼るくらいだったら、死ね』ということになる。だから救助要請を出すに当たっては、侃々諤々《かんかんがくがく》であった。でも、救助されても死んでも、どちらにしろ社会問題になるんだったらまだ生きて帰ったほうがいい。うちみたいな小さな会だと、雪崩に埋まった遺体を捜し出すだけでも大変なこと。それこそ群馬岳連を巻き込んで、半年間も遺体捜しのために劔に通わなきゃならなくなる。そういうことを考えると、やっぱり死なないほうがいいかな、と。それで、『しょうがない、バンザイ

しよう』ということになった。で、救助要請をしたあとは『さて、なにを言われるか』と、それればかり考えていた」（佐藤）

入山した日から救助要請を出した日まで、雪はずっと降り続いていた。その雪も、この地方特有のドカ雪ではなく、絶え間なく静かに降り積もるような雪であった。暮れから冬型の気圧配置が強まってきても、寒気が入り込んでいなかったため、まとまった雪が降らなかったのだ。

たとえ同じ西高東低の気圧配置であっても、寒気が入り込むか入らないかで、日本海側地方での雪の降り方はまったく違ってくる。強い寒気が入り込めば大雪となるが、寒気が入り込まなければそれほど雪が積もることはない。

また、劔岳の場合、東面と西面では雪の降り方が違うという。主稜線を境にした西面では、風が強く吹雪のような降り方になるため締まった雪となるのだが、東面のほうではどちらかというとしんしんと降ることが多いのだそうだ。

「それまで毎年のように劔に入っていて、何回もドカ雪みたいな形で降られている。三十分でテントが埋められるような雪も経験ずみ。だから『これぐらいの雪ならまだまだ全然平気だな』という思いがあった。そもそもこのときは、夜中に雪かきに出なければならないというのがなかった。積もっても二、三〇センチ。ちょろちょろ、ずーっと降っているような感じの降り方だったから、最後の最後に行き詰まるまで『今回は雪が少ないぞ』という頭しかなかった。ドーンときていれば、『こりゃあダメだ』と諦めもついていたんだけど、気がつかないうちにジワジワと外堀を埋められていった。ぬるま湯に入っていて、いつの間にか茹で上がってしまっていたという感じです」（彌野）

海外の高所登山の経験を豊富に持つ者、あるいは冬の剱岳に長らく通い詰めている者——四人はいずれも冬山登山の精鋭といってよかった。いわば冬山の経験も技術も充分に持っている者たちである。その四人をもってしても、この年の剱岳の雪には太刀打ちできなかった。四人のエキスパートの経験則がまったく役に立たなかった雪とは、いったいどういうものだったのか。それをわれわれは、彼らの話から想像するしかない。

救助を要請した翌一月三日も風雪。テントを張った四・五のコルは雪が吹き溜まるところなので、一時間に何度か交代で雪かきを行なった。降雪が少ないから、その程度の雪かきですんだのだという。もしこれがドカ雪だったら、かいているそばから埋もれていって、テントなどはすぐに潰されてしまっていただろう。言い方を変えるなら、雪洞を掘る必要がないほど少ない降雪だったのだ。

四日、風雪のなか、四人は再び四峰に登り返すことを試みた。

朝の気象情報をラジオで聞きながら書いた天気図は、明日、一時的に天気が回復する兆候を示していた。このとき劒岳一帯では、群馬ミヤマ山岳会パーティのほか、山頂付近で京都左京勤労者山岳会パーティのふたりが、小窓ノ頭では法政大山岳部OBパーティのふたりが、そして清水岳《しょうず》でも京都府立大の七人パーティが悪天候のため立ち往生し、うち二パーティが救助を求めていた。富山県警山岳警備隊は、五日の天候回復時にヘリで救助活動を行なうこととし、ミヤマ山岳会のパーティには無線を通して「コルにいたのではヘリが近づけないからピークに登り返してくれ」と伝えてきたのだった。

しかし、べったりと雪が張りついた垂直の壁は、どうやっても登ることができない。すごすごとテントに引き返してきた四人は、「とてもじゃないがピークには登り返せない。明日はヘリにウインチを積んできてくれ」と無線で警備隊に伝えた。

明けた五日、昨日までの風雪はやみ、朝から曇り空が広がっていた。予想どおりの天気だった。

四人は自分の荷物をパッキングし、テントをたたみ、ザックの上に腰掛けてヘリがやってくるのを待った。万一、救助の途中で天候が急変して誰かが取り残されたときのことまで想定して、若干の食料を別にパッキングして脇に置いた。

午前九時ごろだったと佐藤は記憶する。ヘリのプロペラ音がかすかに聞こえてきたかと思うと、徐々に音は大きくなり、待望のヘリが姿を現わした。

だが、ヘリの姿を認めたとたん、彌野は大きな失望感に襲われた。ひと目でウインチがついていないことがわかったからだ。ウインチがなければ、ヘリを現場に直接横づけするしかないのだが、四・五のコルはとてもそれができるような場所ではない。案の定、ヘリはしばらく上空を旋回したのちに引き返していき、その日はもう二度ともどってはこなかった。

「そりゃあ、ガッカリしましたよ。でも、しょうがない。で、もう一回テントを立て直して、濡れたシュラフを広げて、『さあ、寝ますか』と」(彌野)

六日は再び天候が崩れて吹雪となった。同日付けの読売新聞夕刊は、剱岳での遭難を次のように報道している。

〈北アルプスの清水岳（標高二、五九〇メートル）と剱岳八ツ峰（二、六〇〇メートル）で立ち往生している京都府立大（高岸且リーダー、七人）と「群馬ミヤマ山岳会」（弥野光一リーダー、四人）の救助活動は六日朝も、北アルプス一帯が風速二十メートルの猛吹雪、視界二十―十五メートルという悪天候に阻まれ、富山県警山岳警備隊が予定していたヘリコプターの出動は断念、地上からの救助隊も動きがとれず難航している。（中略）

清水岳の京都府立大パーティーの救助活動は、富山県警山岳警備隊員四人が地上から救助に向かい、五日夜には大声で応答しあえるほどの近距離にまで接近しながら、悪天候と豪雪で合流できない状態が続いている。（中略）

また、八ツ峰のミヤマ山岳会についても、りょう線の岩場で六日午前七時現在、最大風速三十メートルの猛吹雪が吹き荒れる悪天候。前夜から山頂付近にいる救助隊員さえテントを押さえているのがやっとで身動きできない状態。（後略）〉

前日の救助活動が失敗に終わり、この先、救助されるまでにどれぐらい時間がかかるのか、まったく予想もつかなかった。というより、四人はあえて予測しなかった。

計画段階で予備日を一週間とっていたため、充分とはいえないまでも、食料と燃料がすぐに底をつくような心配はなかった。救助要請を出した時点で、とりあえず食料と燃料を十日間もたせる計画を立て、停滞が長引きそうなら途中からさらに切り詰めるつもりでいた。次に、インタビュー時のふたりの話を引用する。

佐藤　予備日というのは、一日に一、二食程度の計画で食料を持っていく。だからあのときは一日一・五食を四人で分けて食べていた。それで大失敗だったのは、砂糖じゃなくてダイエット用のノンカロリーの砂糖を持って行ってしまったこと。

彌野　あれ、軽いし甘いから山に持っていくのにいいやと思って持っていったんだけど、カロリーはゼロ。ほんと大失敗だった。

佐藤　毎日、楽しみにしていたのが練乳。チューブに入っているヤツ。「はい、配給の時間で〜す」と言うと、みんながスプーンを差し出す。ところがスプーンの大きさはみんなそれぞれ違う。「おまえのほうが多い」とかで言い争いになったりして。

彌野　アルファー米のご飯がお湯のなかに浮かんでいるような三分粥を食べていた。で、三日目か四日目になると、雪かきに出てもすぐにへたり込んじゃう。ところが黒飴をひとつなめただけで、とたんにグワーッと力が出てきた。「おお、グリコの一粒三〇〇メートルというのはこういうことか」と思った。

佐藤　でも、寒かったのは寒かった。テントに入っていようがなにをしようが。なにしろ燃やすもの（エネルギー源）がなかったから。

彌野　副食は各自持っていたんだけど。

佐藤　各自持っていたというのは、自分があと何日生き延びられるかということ。人に与えるほどの大きな心は、みんな持っていなかった。

彌野　みんなで牽制しあっていた。「おまえ、あと飴いくつある？」とか。

佐藤　カロリーメイトなんか、まるでケーキを食べているようだった。「俺は山を下りたら、カロリーメイトを十個も二十個も食うんだ」って、言っていたヤツもいた。

彌野　「コンデンスミルクを腹いっぱいなめてやる」とか「乾パンを腹いっぱい食

ってやる」とか。下りれば、もっと美味いもんがたくさんあるのにね。

佐藤　見栄張って、わずかな食料を食べ終わったあとで「あー、食った食った。満腹だあ」なんて言っていたヤツもいたなあ。でも、最初のうちは食べ物の話が多かったんだけど、だんだん停滞が長くなってくるとほんとうに食べたくなっちゃうんで、途中からできるだけ避けるようにしていた。あと、夜、夢を見た。市場の屋根の上にいて、下を見るとたくさん食べ物がある。「食いたいなあ。ここから下りるにはどうすればいいんだろう」って、考えている夢だった。

彌野　実際、食べ物の夢はいっぱい見た。ほんとうに飢餓に近かったから。まったくないわけじゃなくて、持っているんだけど食べちゃいけないというのがあったから、よけいに辛かった。食っちゃえば食っちゃったで満足するんでしょうけど、あとが辛いというのがわかっていたから。

佐藤　今、思うと、四人が四人とも見栄っ張りで、お互いに牽制しあっていたからまだよかったんじゃないかなあという気がする。ああいう状況では、パニックになるのがいちばん怖いから。

彌野　「ああ、もう腹減ってダメだ。俺は飴を一個食うぞ」って言ったら、小西さんが「おい、大丈夫か?」って。別にパニックを起こしているわけじゃないのに。

佐藤「飴一個ぐらいでガタガタ言われる筋合いはねえ」って。でも、とにかくパニックがいちばん怖かった。たぶん四人が四人ともそうだったと思う。ひとりがぶっ飛んだら、ちょっと大変だなっていうのが正直なところだった。

一月七日も風雪でヘリは飛べなかった。ただし、天気図をとってみると、翌八日の天気は明らかによくなりそうだった。実際、その夜から天気はよくなり、夜空には瞬く星も見えた。天候の回復は四人が思っていた以上に早く、明日の朝になったらまた崩れはしないかということだけが心配だった。

翌朝は雲ひとつない快晴となった。前日までは、救助隊が来てくれるかどうかは半信半疑だったが、この天気だったら間違いなく来てくれそうだった。

シュラフの中に入ったまま、四人で「今日は来てくれるだろう」と話していた朝七時半ごろ、雪に閉ざされた山の静寂を破るかのようなヘリのローター音が響いてきた。

「あれ、なんか音がするなと思ったら、救助のヘリだった」(彌野)

「ほんとうは準備を整えて待っているつもりだったんですけどね。『そんなに朝早く来やしないよ』って呑気にしていたら、バババババッという音が聞こえてきた」(佐藤)

四人は慌てて跳ね起き、それぞれの登山靴に足を突っ込もうとした。ところが、登山靴はバリバリに凍っていて、なかなか足を入れることができない。ウンウン唸りながらやっとのことで靴を履き、真っ先にテントから飛び出していったのは彌野だった。

今回はちゃんとヘリにウインチが積まれていた。実は救助を待つ間に、四人はヘリに乗る順番までしっかりと決めていた。やはり天候の急変などで積み残されてしまった場合を考えてのことだ。最初に乗るのが最年長の樋口、次に彌野、その次が佐藤、最後が小西という順番だった。小西と佐藤が最後のほうに回ったのは、「万一、積み残されても、しばらくは耐えられるだろう」という理由からだ。ところが、彌野が飛び出してみると、すでにウインチから延びているワイヤーが目の前にあった。そうなっては順番もなにもあったものではない。まずは彌野がいちばんにヘリに収容され、次に樋口が吊り上げられた。

三番手は順番どおり佐藤。ところが、なんと佐藤はセルフビレイを外していなかった。収容作業中に雪崩が起こっても流されないようにと、佐藤と小西は四峰の岩壁の残置ハーケンにセルフビレイをとっていた。そのセルフビレイを外すことを忘れたまま、ワイヤーに吊り上げられてしまったのだ。それに気がついた小西は真っ青になった。

「ウインチとセルフビレイが引っ張り合ってヘリがバランスを崩せば、それこそヘリが落ちちゃいますからね。目茶苦茶ビビりました」

小西は即座に残置ハーケンに飛びつき、間一髪、セルフビレイのカラビナを外した。まだテンションがかかる前だったから外れたものの、もし完全にテンションがかかっていたらおそらく外せなかっただろう。

とにもかくにも、こうして四人は無事、救助されたのである。

ターニングポイント

佐藤と彌野から当時の話を聞いて感じたのは、これほど悲壮感のない遭難も珍しいなということだった。死者もケガ人もなく全員が無事生還できたことも、その一因であろう。が、いちばん大きな要因は、救助を待つ間、四人が四人とも生きて帰れることを信じて疑っていなかったことにあるように思う。

食料や燃料があるとはいえ、厳冬期の高山のなかでいつやむとも知れぬ吹雪に閉じこめられたとき、たいていの人は「果たして自分は無事帰ることができるのだろうか」と考えるはずである。なかには、その重圧に負けてパニック状態に陥る人もいるだろう。

山で遭難という状況に遭遇したとき、人は忍び寄る死の影をどうしても感じずにはいられない。遭難というのは一種の極限状況下に置かれることであり、だからどんな事例であれ、ある種の悲壮感のようなものがつきまとう。

だが、四人には自分たちが極限状況下にあるという認識はなく、万一ということも全然考えなかった。生きて帰れるのは当然のことだと思っていたのだ。その自信は、やはり経験によってしか生まれない。冬の剱に何年間も通い、海外の高峰に幾度となく挑んできた彼らだからこそ、生を明白なものとして信じ続けることができたのだろう。

佐藤は言う。あと十日ぐらいはがんばれただろう、と。

1990年1月8日午前7時35分、群馬ミヤマ山岳会のメンバーを救出するヘリコプター　写真提供＝読売新聞社

もっとも、四人がいちばん恐れていたことは、下山後、現実になってしまった。
「帰ってから、さんざん言われた。あのあたりの初登攀をやったような人たちから。『おまえら、なにを考えているんだ。死ぬ気で行ったんだったら死んでこい』みたいな。富山では、『うちらの税金を使って、なんで群馬の人間を助けなければならないんだ』と問題になったたし。ある新聞社の記者がまたしつこかったんだ。『みんなで励まし合うために、歌なんか歌ったんですか?』とか聞いてきたので、『そんな腹減るようなことするか!』って答えたら、それが気に入らなかったみたいで、紙面でエラく叩かれた」(佐藤)
「会の人間はなにも言わなかったけど、外部の人に言われましたね。『オレたちは五・六のコルから雪崩とともに下りてきたんだ。おまえらもそういう思いをして帰ってくるべきだった』とか。無理だっていうの。あれはたしかに自分たちの判断ミスだったんだけど、帰ってきてしばらくは悔しい夢をずいぶん見ました」(彌野)
遭難から数カ月が経った春、彌野と佐藤は再び八ツ峰に赴いた。救助されたとき、四人は慌てて身のまわりのものをザックに詰めただけでヘリにピックアップされていた。テントなどは現場に残したままだった。それを「ゴミになるから片づけに来てくれ」と富山県警から言われ、〝残務処理〟に向かったのだった。

だが、ここに間違いないという箇所で雪を三メートルほど掘り下げたのだが、なにも出てこなかった。ふたりは夏に再び現場を訪れ、ようやく破れたテントと錆びたアイゼン、ワカンなどを回収してきた。

「あれはほんとうに罰ゲームだった」（彌野）

春に再び現場に立った彌野は、「なんでこんなになんでもないところで進退窮まったんだろうと思った」という。それが夏に行ったときには、「よくこんなところにテントを張っていたな」という印象に変わっていた。

それにしても悔やまれるのは一峰での判断だと、佐藤は繰り返して言う。

「行く前から『ハシゴ谷乗越と一峰で進退を判断しような』って言っていたのに、一峰でその判断ができなかった。海外の山にアタックするときは、ちゃんとターニングポイントを決めているのに。『標高〇〇メートルの地点で時間が△時だったら突っ込もう。そうじゃなかったら引き返そう』って。あのときは、ラジオを聞きながら天気図をとってみて、これはたしかに冬型になるなと思ったんだけど、そこで

『これぐらいの天気で』と思ってしまったのが失敗だった。おそらく今の俺だったら、ハシゴ谷乗越あたりに来たときに明日から天気が悪くなりそうだったら『やめようぜ』って言うと思うんですけど、その当時は三人ともノリノリでしたからね。樋口さんも、前の年に敗退して悔しい思いをしているし。で、判断を誤ったのでしょう。改めて冬の剱の難しさっていうのを感じましたね」

一方、彌野の見解は佐藤とはちょっと違う。

「あの状況では、そこそこ登っている人だったら、たぶんみんな突っ込んでいると思う。あれで『帰る』って言ったら、『おまえ、なにビビっているんだ』っていう話になったでしょう。今でもそう思います」

冬の剱岳といえばドカ雪のイメージが強いが、このときは、真綿で首を締めるように少しずつ降り積もっていくような降り方だった。それが結果的に四人の判断を誤らせた。

剱岳周辺では、翌一九九一（平成三）年一月にも三パーティ計十二人の同時多発遭難が発生している。その後しばらくは暖冬が続いていたが、二〇〇一（平成十三）年の一月には、年末年始としては久々に剱岳一帯が豪雪に見舞われ、五件の遭難事故が起こった。

この同時多発遭難を検証した『山と溪谷』二〇〇一年三月号の記事のなかで、元富山県警山岳警備隊長の谷口凱夫は次のように書いている。

〈遭難が発生するたびに、関係者は異口同音に「噂に聞いてはいたが、予想をはるかに上回る豪雪だった」「何年も連続して来ているが、こんなひどい暴風雪は初めてだ」と述懐する。

しかし、冬の剱岳は荒れるのが普通で、登山者は事前に山域研究をする過程で、先輩の指導を受け、いろんなデータを集め、豪雪を充分に理解・納得して挑戦しているはずである。今年が特別ではない。近年、暖冬が続き、豪雪に見舞われる時期が、30〜40年代の年末年始中心から若干ずれているだけで、毎年襲来していることは間違いない〉

飯田睦治郎も次のように言っている。

「日本海に接する山々の天候は、海の影響を強く受けます。たとえ同じ西高東低の冬型の気圧配置であっても、降雪量や雪質は年によって大きく異なり、岩壁への雪のつき方も違ってきます。冬の剱岳に入山しようとするなら、十月ごろから毎日天気図をチェックしてその年の傾向を分析し、雪の状態をある程度予測して計画を立てる必要があります」

冬の剱岳の恐ろしさは、長い間、〝豪雪〟という言葉で語られてきた。だが、その豪雪も、近年はいつ襲いかかってくるのかわからない。何年も雪の少ない年末年始が続いていたのに、ある年の正月に突如としてドカ雪が何日間も続けて降ったりする。かと思うと、ミヤマ山岳会パーティの四人が体験したように、じわじわと降り固めていくような降り方をすることもある。

だが、考えてみればそれが自然というものである。自然に同じ表情はふたつとない。去年がこうだったから、ずっとこうだったから、という法則は成り立たない。それでも人は法則性を当てはめようとする。そしてそこに落とし穴ができる。日本のトップレベルの登山者の目さえ欺く冬の剱岳。いや、自然が人間を欺くのではない。人間の勝手な思い込みが自然に欺かれるのだ。そこに佐藤の言う「冬の剱の難しさ」があるように思う。

冬・二つ玉低気圧　剱岳――暴風雪

山岳部合宿

一九九三（平成五）年二月十三日、早稲田大学山岳部パーティは、剱岳で春山合宿を行なうため、上野発二十三時五十八分の急行「能登」で富山へと向かった。

参加者は、椎名厚史（二十三歳）、饗庭寛（二十三歳）、目片肇（二十三歳）の四年生三人、井上潤（二十歳）、河津豪（二十歳）、藤井陽太郎（二十一歳）の二年生三人、それに一年生が星川昌寛（十九歳）ひとりの計七名。チーフリーダーは椎名が務めた。

計画によると、一行は十四日に上市から入山、東小糸谷出合にベースキャンプ（以下BC）を設け、奥大日尾根を登って十九日に別山乗越にアタックキャンプ（以下AC）を設営。翌二十日に全員で剱岳を往復し、二十二日に下山することになっていた。予備日は二十三日から三月七日までの十三日間と、たっぷりとってあった。

二月十四日、大雪の影響で列車は一時間遅れの七時十二分に富山に着いた。ここから富山地方鉄道に乗り換えて上市に行き、さらに四輪駆動の大型タクシーを使って伊折まで入った。行動開始は十時二十分、スキーを履いて馬場島への雪道をたどり始めた。

伊折からBCまでのアプローチにはスキーを駆使するつもりでいた。しかし、ちょうど同じ日に富山県警山岳警備隊も馬場島の警備派出所に入ることになっていて、パーティの前には圧雪車が先行していた。そのトレースを軽快にたどっていき、大熊避難小屋のあたりで圧雪車に追いついたあとは、警備隊の除雪作業を手伝いながら進んだ。この日は午後四時二十分に行動を終了。白萩発電所手前の洞門に仮BCを設営して泊まった。

翌朝、再び圧雪車がやってきて、昨日と同じようにして除雪作業を手伝った。といっても、やることといったら、除雪車が通りやすいように先回りして雪をかき分けることぐらい。ザックは圧雪車が運んでくれたので空身での作業だったし、圧雪車に乗せてくれたりもしたので、ほとんど苦労なくアプローチをかせぐことができ

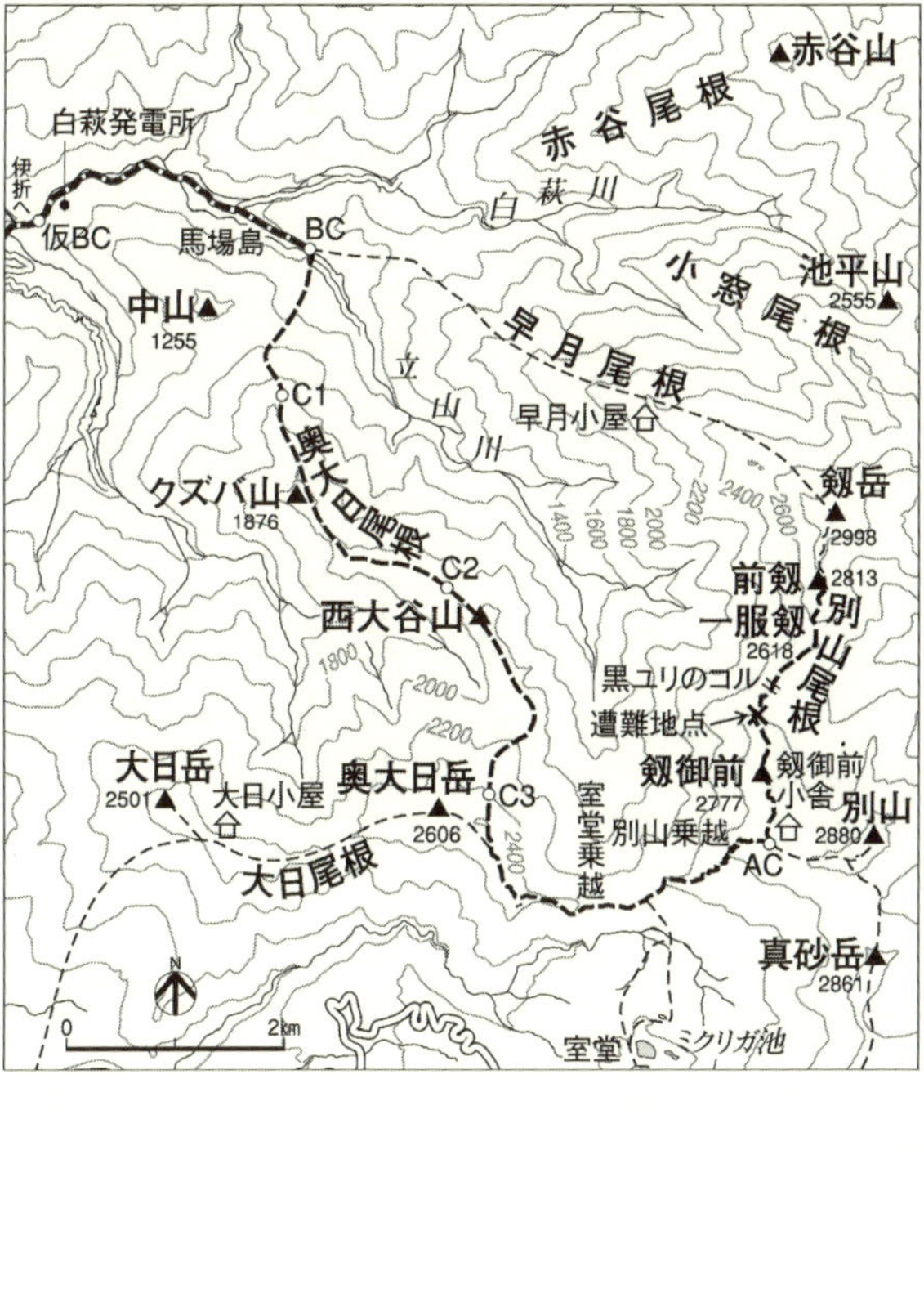

赤谷山
赤谷尾根
白萩発電所
伊折へ
仮BC
馬場島
BC
白萩川
小窓尾根
池平山
2555
中山
1255
早月尾根
C1
立山川
早月小屋
奥大日尾根
クズバ山
1876
剱岳
2998
C2
前剱
2813
西大谷山
一服剱
2618
別山尾根
黒ユリのコル
遭難地点
大日岳
2501
大日小屋
奥大日岳
2606
C3
室堂乗越
剱御前
2777
剱御前小舎
別山
2880
別山乗越
AC
大日尾根
真砂岳
2861
N
0
2km
室堂
ミクリガ池

た。

馬場島には十二時五十分着。昼食をとったのち、さらに先の東小糸谷出合まで行ってここにBCを設営。その後、饗庭と井上は上部の偵察に向かい、残りの者は馬場島に置いてあった荷物をすべてBCに運び込んだ。

以降、十六日にC1（一六二五メートル）、十八日にC2（一九九〇メートル）、十九日にはC3（二三六〇メートル）と徐々に高度を上げていき、入山七日目の二十日には別山乗越の剣御前小屋（現在は剱御前小舎）の横にACを設営した。天気は、十七日に雪が降ったものの、十五日と十六日は曇り、十八日からは移動性高気圧に覆われた影響で、この時期の剱岳にしては珍しく三日間も快晴が続いた。ここまでで使った予備日は一日だけ。行程は順調だった。

が、十六日にはちょっとしたアクシデントもあった。夕方、みんなでテントを設営しているときに、一年生の星川が置いてあった固定用ロープに足を取られてバランスを崩し、藤井のザックを谷に蹴落としてしまったのだ。ザックの中には、合宿で使用するすべての装備が入っていた。もしこれを紛失してしまったら、登山を続けることは不可能となり、藤井ひとりだけ早々にリタイアするか、計画そのものを

奥大日尾根のＣ１からＣ２への荷上げ。樹林で休む部員たち

中止しなければならなくなる。

すぐに目片と椎名がザックを捜しに行ったが見つからず、その夜は無理やりジッパーのところでつなげた二つのシュラフに三人が潜り込んで一夜を明かした。

「ついてないなあと思いました。僕のザックでしたからね。精神的なダメージはデカかったです。もうやめようかと思いましたよ。下山したかったです。でも、今考えると、見つかってくれないほうがよかったですね」（藤井）

翌朝、雪が降るなかを四人で捜索に出発。ザックは九時三十分ごろ、C1から四五〇メートルほど下方で見つかり、計画はそのまま続行された。

ACを設営した二十日の夕食後、四年生と二年生によるミーティングで、翌日の行動予定について話し合われた。

当初の計画では、ACを設営した日の後半を前剱までのルート工作に当て、翌日以降に剱岳をアタックすることになっていた。しかし、この日はACを設営するのに夕方までかかってしまったため、アタック前に危険箇所にロープを張る作業ができないでいた。そこでなされたのが以下の決定であった。

〈アタックの可能性を残して、ルート工作隊を出す。6時30分工作隊出発。8時30

奥大日尾根の上部。剱岳から左にのびる早月尾根が近づいてきた

分の交信で本隊が出発するかどうかを決定する。さらに10時の交信でアタックするかどうかを決める。工作隊の出発リミットは13時ぐらい。メンバーは、工作隊を饗庭、目片、河津および藤井とし、本隊を椎名、井上および星川とする〉（『1993年度春山合宿遭難報告書』より）

要するに、先発の工作隊がルート工作を行ないながら様子をうかがい、もし状況が許すようならトランシーバーでACの本隊にゴーサインを出し、本隊が工作隊のあとを追って全員でアタックをかけるという戦法である。

ミーティング後の午後十時、椎名は気象情報を聞きながら天気図を作成した。その天気図は、日本付近が深い気圧の谷のなかにあり、九州とその南にふたつの低気圧が隣り合って発生していることを告げていた。二つ玉低気圧の発生である。

晩秋から早春にかけて、日本海側と太平洋側にある二つの低気圧が日本列島を挟むようにして北東に進み、北海道付近や三陸沖でひとつにまとまって台風並みに発達した低気圧になるものを二つ玉低気圧という。この二つ玉低気圧が通過するときには、日本列島は全国的に大荒れの天候となる。とくに山岳地では猛烈な暴風雪が吹き荒れ、通過直後からは強い季節風が吹いて気温も一気に下降する。

二つ玉低気圧は、山や海ではしばしば遭難事故の原因となることから、登山者や漁師にはひどく恐れられている。例えて言うなら、気象的な災いのすべてをもたらす悪魔のような低気圧といったところだろうか。

一九六三（昭和三十八）年一月の薬師岳における愛知大学山岳部パーティの大量遭難事故（十三人死亡）は、二つ玉低気圧が要因となった気象遭難としてあまりにも有名である。ここで進行中の早稲田大学山岳部パーティの遭難から間もない九三年のゴールデンウィークには、やはり二つ玉低気圧の通過によって、月山で山スキー登山を行なっていた新潟大学ワンダーフォーゲル部の四人が死亡するという事故も起こっている。

二つ玉低気圧が厄介なのは、その通過中に、場所によっては一時的に天気が回復したように見えるということだ。急に風雪が弱まったり薄日が差してきたりするので、そこにいる者はてっきり天気がよくなったものと思い込む。ところが、三十分～一時間後にはあっという間に再び悪天候のなかに叩き込まれてしまう。これを疑似好天という。いうなれば、台風の目のようなものだと思えばいい。薬師岳での愛

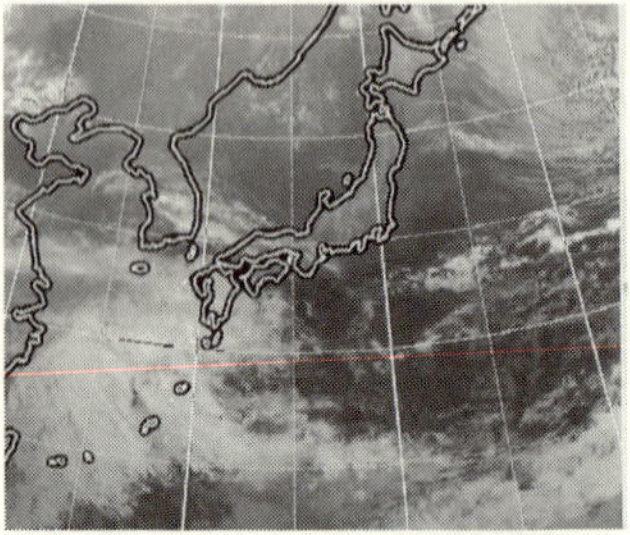

雲の画像①

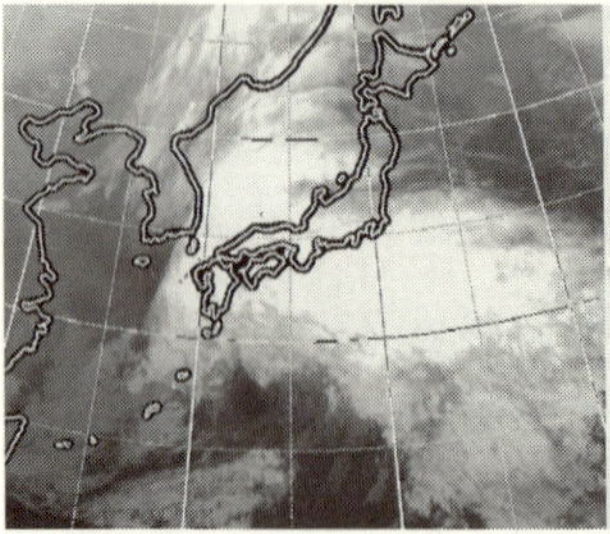

雲の画像②

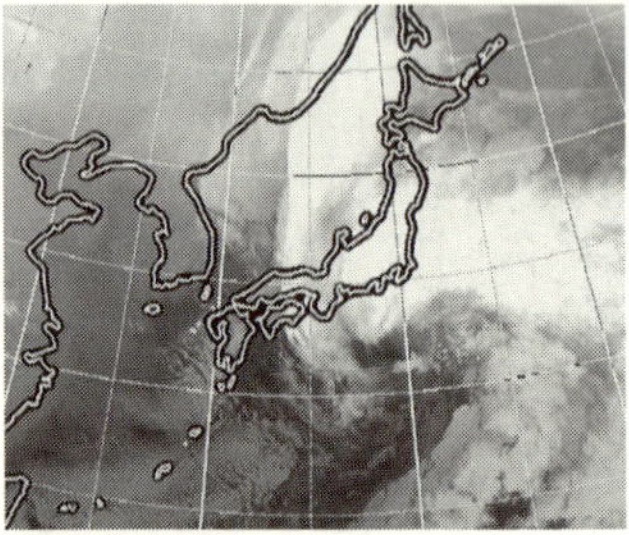

雲の画像③

20日の夜遅くに発生した二つ玉低気圧は、21日に日本列島を北東に進み、三陸沖で台風並みの強さに発達している。その間の地上天気図や雲の画像を見れば、二つ玉低気圧の発生は一目瞭然だ。雲の画像②には、能登半島北部付近の雲の塊のなかに雲が薄い部分があり、ここが疑似好天の領域となっている。疑似好天かどうかはっきりしない場合は、頭上の雲の移り変わりに注意することだ。疑似好天のときには、青空がはっきりと広がることはあまりなく、上空の一部に巻層雲や巻雲があったり、下層に片積雲などがあって速い速度で過ぎ去っていくことが多い。雲の画像②の能登半島北部の雲の切れ間から推測すると、薄い青空が見られても10分か15分ぐらいのものなので、疑似好天であることはすぐにわかる。

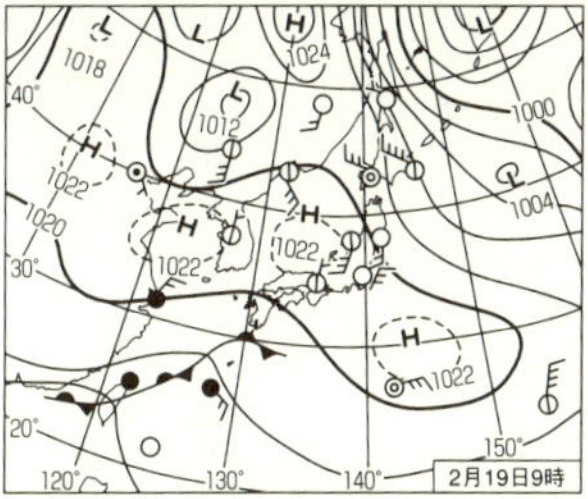

地上天気図①

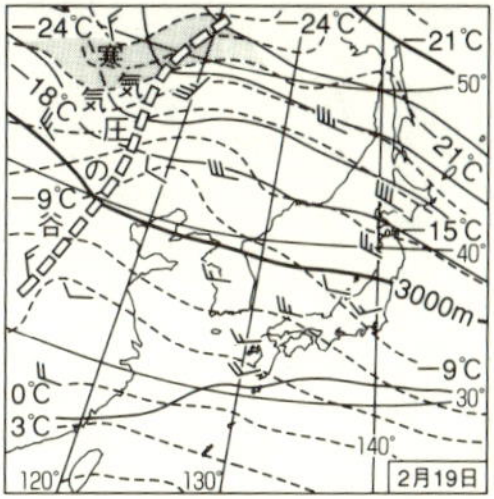

700ヘクトパスカル高層天気図①

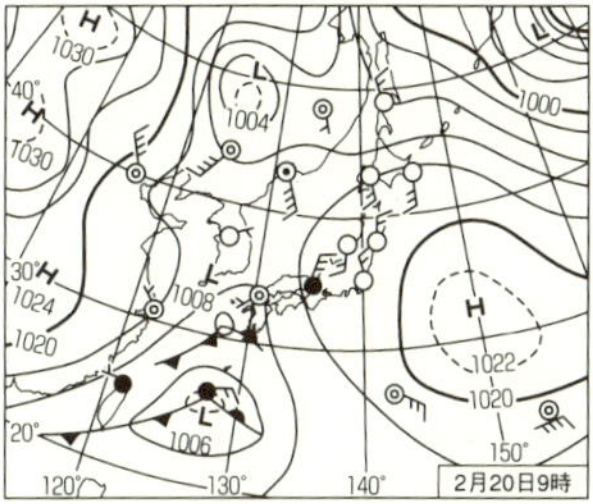

地上天気図②

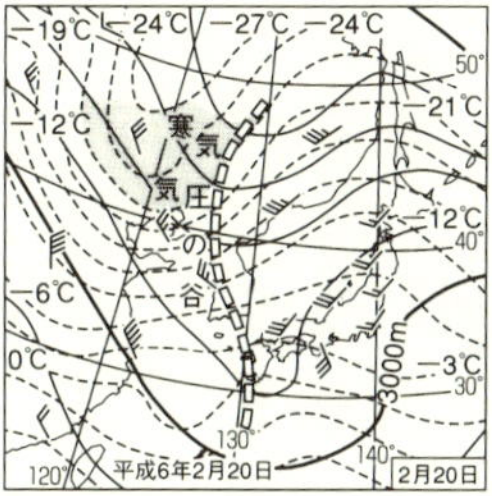

700ヘクトパスカル高層天気図②

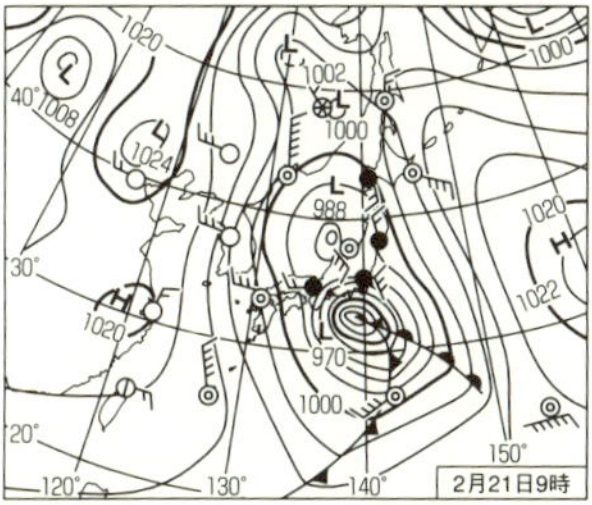

地上天気図③

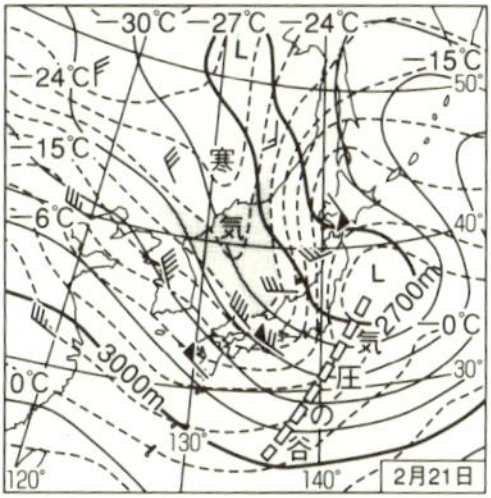

700ヘクトパスカル高層天気図③

早稲田大学山岳部パーティは、山行中、地上天気図はとっていたが、高層天気図はとっていなかった。ミーティング前日19日の高層天気図①を見ると、強い寒気団がシベリアにあって、南に張り出してきているのがわかる。2日後には、高層天気図③に見られるように、氷点下9度以下の寒気団が北アルプスを襲っている。このときの風速が20メートルとすれば、体感温度はマイナス45度。この寒さへの対応が不完全であると、疲労凍死する危険は高くなる。このように高層天気図を利用すれば、山での気温を推測することができる。山行中に高層天気図をとるのが無理なら、地方気象台などに問い合わせて寒気の流入などの情報を得るといい。

知大学山岳部パーティの遭難も、疑似好天にだまされて行動してしまったことが原因と見られている。

もっとも、飯田睦治郎によれば、二つ玉低気圧のときに必ず疑似好天が現われるとはかぎらず、ただ分厚い雲に空が覆われて吹雪かれるだけのこともあるという。

二十日の夜、椎名がとった天気図には、九州とその南に二つの低気圧の玉がはっきりと描かれていた。しかし、椎名は二つ玉低気圧の発生をほかの者に伝えなかった。のちにこれが集中砲火を浴びることになるのだが、藤井の見解はこうだ。

「二つ玉低気圧についての話はなんにもなかったです。でも、リーダーがみんなに言わなかったのがいけないというよりは、むしろ周りの人間が天気のことを気にしなかったのがいけないんじゃないでしょうか。リーダー任せにしすぎていたと思います」

翌二月二十一日。工作隊の出発は六時三十分の予定だったが、まだ外が薄暗かったためしばらく待機。別山乗越北西側の二七九二メートルピークまで天気の様子を確認に行った椎名は、天気が崩れるものと予測し、六時五十分にアタックの中止と工作隊の出発を決定した。工作隊の出発にあたり、椎名からは「天気が悪くなるので早めに切り上げて帰ってくるように」との指示があった。が、二つ玉低気圧の接近については触れなかったという。

「出発時に『早めに切り上げてこい』という指示があったのはたしかですが、二つ玉低気圧の話はありませんでした。饗庭さんが二つ玉低気圧のことを知っていたかどうかはわからないですね。饗庭さんと目片さんだったら天気図を見ていたんじゃないかって想像はするんですけど、実際に見ていたかどうかはわかりません」（藤井）

饗庭、目片、河津、藤井の四人の工作隊は、午前七時二十分に別山乗越のＡＣを出た。ＡＣに残った椎名は、工作隊の帰幕時間を十二時ごろと読んでいた。だが、その日、四人は帰ってこなかった。帰ってきたのは三日後、それも藤井ひとりだけであった。

ビバーク

工作隊の出発時の天候は高曇り。風は弱く、視界は剱岳の本峰が時折見える程度であった。四人は、個人装備として防寒着、ウールのアンダーウエア、予備の手袋と靴下、地図、コンパス、ヘッドランプ、予備の電池、非常用セット（カップ、缶メタ、ライター、防水マッチ、コンデンスミルク、チョコレート、緊急連絡用紙）、昼食（カステラ）、飴・カロリーメイト等の若干の食料などを携行していた。そのほか、ルート工作に必要なロープや登攀具、ツエルト二つ、スコップ二つ、トランシーバーなどの共同装備を持った。

ＡＣを出発して一時間ほどが経過したころから視界が悪くなり始めた。九時のトランシーバーでの交信時に、饗庭は椎名に「視界が悪く、剱山荘の見えるところで三十分ほど待機している。さらに三十分ほど待って視界が得られないときは帰幕する」と告げている。

しかし、交信のあと五〜十分ほどで視界が得られるようになったため、四人はそのまま行動を続行する。前剱の基部に到着したのが十時ちょっと前。ここで二年生の藤井と河津はツエルトを被って待機、四年生の饗庭と目片が雪壁にロープを固定し始めた。

十時三十分、待機中の河津とＡＣの椎名が交信を行ない、現在の状況を報告した。これより前の九時十分、ＡＣではラジオを聞いて天気図を作成している（同日六時発表のもの)。その天気図は、低気圧の中心気圧が十二時間で一四ヘクトパスカル下がり、富士山では風速三二メートルの東南東の風が吹いていることを示していた。低気圧が大発達していることは一目瞭然だった。だが、十時三十分の交信時に、ACはこの情報を工作隊に伝えていない。

饗庭と目片は、午後一時近くまでかかってロープを固定し終えた。結局、すべての作業は四年生のふたりが行ない、その間、河津と藤井はずっと待機したままだった。

午後一時、ルート工作を終えた四人は、たどってきたルートをもどり始めた。みな、体調はよく、疲れた様子の者もいなかった。ただ、いつの間にか天気だけが悪くなっていた。

「前剱まではなにも問題なく歩いてきて、そこで二、三時間ルート工作をして、いざ帰ろうと思ったら吹雪でなんにも見えなくなっていました。ルート工作に夢中になりすぎていて、帰るタイミングを逃してしまったわけです」(藤井)

風雪はかなり強まっていて、視界は自分の足元が見える程度。下降路がどうも判然としなかった。このため饗庭が五〇メートルほど先行してルートを確認し、みんなのところにもどっては全員で進むということを繰り返した。

ルートファインディングに苦労しながらも、四人はACに向けて歩き続けた。が、あたりがだいぶ暗くなってきたころ、行く手に岩峰が立ち塞がるように現われて万事休すとなった。四年生のふたりは完全にルートを見失ったものと判断し、ビバークを決断した。時間は午後六時ごろ、場所は黒ユリのコルから二五〇メートルほどAC寄りの地点であった（工作隊は一服劔のあたりだと思い込んでいた）。

ビバークを決めたあと、饗庭と目片はウインドクラストした約三十度の斜面をスコップで削り、四人が腰掛けられるぐらいの大きさの棚をつくった。そこにスノーバーでツエルトの上端二カ所を固定し、四人がその中に潜り込んだ。

このとき、なぜ雪洞を掘らずにツエルトを使ったのかが、のちに問題になる。饗庭と目片は雪洞を掘ろうとしていたのではないかという意見もあったが、その場にいた藤井は次のような見方をとっている。

「雪を掘っているのは、僕も見ていました。ふたりで掘り始めて、途中でハイマツが出てきたところでやめたんです。だけど、雪洞を掘ろうとしていてハイマツが出てきたからやめたのか、もしくは最初から座れる程度の棚をつくるつもりだったのか、そこまではわかりません。ここから先は想像になりますが、もし雪洞を掘ろうとしたならば、僕と河津に『手伝え』と声をかけていると思うんです。スコップはふたつしかなかったけど、掘り出した雪をどかすことぐらいはできるはずですから。それをさせなかったっていうことは、おそらく座るだけの場所をつくるつもりだったんじゃないでしょうか」

午後六時三十分、饗庭はトランシーバーでACを呼び出し、「ビバークすることになった。一張りのツエルトの中に四人で入っている」と椎名に告げた。だが、この交信時にも、気象に関する情報は工作隊に伝えられなかった。

ACでは午後四時にも天気図をとり（同日十二時発表のもの）、六時間前よりもさらに低気圧が発達したことを把握していた。

それを伝えたからといって、すでにビバーク態勢に入っていた四人がなにか行動を起こしていたかどうかはわからない。時間的なこと、地形的なこと、天候的なことを考えれば、それから改めて雪洞を掘るようなことはせず、そのままツエルトの中でやりすごそうとした可能性のほうが高い。

だが、そうだったとしても、やはり伝えるべきであっただろう。それも本来ならもっと早い時点で、と思わずにはいられない。

ツエルトには、四年生が二年生を間に挟む形で、饗庭、藤井、河津、目片の順に入った。風雪はそうとう激しく、ツエルトの中でギュウギュウに体を寄せ合っていても、風に押されて体のバランスを保つのが難しいほどであった。饗庭はみんなに「服が濡れていたら着替えるように」と言ったが、誰も着替える者はいなかった。

「そりゃあ無理です。僕も代えの下着を持っていたから、代えられるもんなら代えたかったですけど、そのためには全部脱がなきゃいけないじゃないですか。ただでさえギュウギュウ詰めなのに、風が強くて体が完全に押されている状態では、とても着替えることはできませんよ。無理です」

藤井の場合、別に下着が濡れていたというわけではなかった。ただ、「一枚でも余分な服を持っているならば、それを着たかった」と言う。

饗庭からはさらに、個人装備を饗庭のザックに移し、個々のザックを尻の下に敷くようにという指示があった。河津と藤井は指示に従ったが、目片は従わなかった。饗庭はザックの代わりにロープを尻の下に敷いた。

四人はそれぞれ前述の非常用セットを持っていた。そのなかにはチョコレートやコンデンスミルクが入っていたが、饗庭は「この程度のビバークに非常用セットを使うまでもない」と言って、夕食の代わりに自分が持っていた飴を五、六個ずつみんなに配った。が、目片は飴を食べず、自分の非常用セットからコンデンスミルクをとり出して舐めていた。

ツエルトに入ってしばらくは、それまで行動していたため体はまだ温かく、それほど苦痛は感じなかった。だが、二時間ほど経つと、体はすっかり冷えきってしまった。ちょうどそのころから、風雪はいっそう激しくなってきた。そのときになって藤井は初めて、「なんてことになったんだ」と思ったという（以降、翌朝までの出来事の時間的な藤井の記憶がはっきりしていない。出来事が起こった順番が事実とは違っている可能性もあるということをお断わりしておく）。

風は一定方向からだけではなく、あらゆる方向から吹きつけてきた。その風に押され、全員がツエルトから押し出されるようになった。おまけに四人は自分の指先さえ見えない真っ暗闇の中にいた。なにも見えない闇の中で、風に押されて居場所が少しずつズレていき、いつの間にかツエルトの中はぐちゃぐちゃになっていた。

会話はまったくなかった。あるいはひとことふたこと言葉を交わしたかもしれないが、藤井の記憶にはない。ゴーゴーと唸りを上げる風雪と、寒さと、暗闇に痛めつけられ、四人は徐々に、しかし確実に、パニックに陥っていった。

気がついたら、個人装備を集めて入れておいた饗庭のザックがなくなっていた。混乱のなかでどこかに流されてしまったのだ。この時点で、目片以外の三人は、身につけているものとピッケルとアイゼン以外の装備をすべて失ってしまったことになる。

「そのときはほんとにヤバイと思いました」(藤井)

だが、事態はさらに悪化する。夜半ごろ、風雪のあまりの激しさに、ツエルトが破れたのだ。もうひとつのツエルトが、目片のザックの中に入っていた。それを取り出したものの、暴風雪のためいちいち固定している余裕などまったくなく、四人で頭だけを覆うのが精一杯だった。そのふたつ目のツエルトも、やがて飛ばされていってしまう。

気の毒なのが河津だった。ジャケットのポケットの中にでも入れておいたのだろう、河津は予備の手袋を持っていた。それを取り替えようとしたときに、身につけていたものと新しいものの両方を風で飛ばされ、右手が剥き出しになってしまったのだ。

荒れ狂う暴風雪のなかで、四人はあまりにも無防備であった。しかし、なんの手の打ちようもないのである。ただじっと耐える以外には。

のちに藤井は、この夜のことをこう形容している。

「まるで地獄。目も開けられなかった」

藤井によると、この年の四年生は、山の技術・体力ともに兼ね備えた、粒ぞろいの三人だったという。それに比べると、二年生三人の力量はやはり劣って見えた。三年生がひとりもいなかっただけに、よけいにそう見えたのかもしれない。だから二年生にはある種の劣等感があったようだ。おまけに四年生が下級生に対して高圧的な態度をとっていたことが、二年生にはおもしろくなかった。そんなわけで、表立った対立こそなかったものの、下級生と上級生の仲がうまくいっているとは決して言えなかった。

だが、極限下のビバーク中に、気が動転していてウンウン唸り続けていた藤井をずっと抱きしめていたのが目片だった。そのときの上級生のぬくもりを、藤井は今も忘れられずにいる。

ひとりだけの生還

二十二日、明け方になって周囲が明るくなってきても、激しい風雪は衰えることを知らなかった。河津の右手は凍傷でロウのように真っ白くなり、呻き声を漏らしながら苦しみを訴えていた。

藤井は饗庭にSOSを発信するように提言した。

「SOSを出したからって、今すぐ警備隊の人が助けに来てくれるとは誰も思っていないけれど、藁にもすがる思いっていうか、なにかしておきたいじゃないですか。で、饗庭さんと目片さんはSOSを出すっていうことをまったく考えていなかったようなので、自分が言ったんです」

だが、饗庭の答えは、「すまん、無理だ」というひとことだった。

それをどういう意味で言ったのか。自分にはもうSOSを発信するだけの気力も残っていないという意味だったのか、あるいはSOSを出したところで無駄だよという意味だったのか、今となってはもう知る術はない。

六時過ぎに再び目片が饗庭に交信を促したが、このときも「すまん、無理だ」という答えが返ってきている。その前後から、饗庭は「おれはもうダメかも知れん」ともらすようになり、やがて横になってぐったりとしてしまった。

六時三十分過ぎ、今度は目片に藤井がSOS発信を促した。目片はこれに応えず、しばらくそのままでいたが、藤井がふと気がついてみると、目片はいつの間にか斜面の一段上がったところに移動していて、トランシーバーを手にSOSを発信していた。

目片が発信した「非常、非常、劔岳で救助頼む」というSOSは、石川県在住のアマチュア無線家が傍受していたことがのちに判明する。

七時もしくは八時ごろ、体を横たえていた饗庭はそのまま動かなくなり、死亡したものと思われた。藤井は、昨夜なくした個人装備が斜面の上に転がっているのを発見し、そのなかから自分の飴とカロリーメイトを回収した。

このまま吹雪のなかでじっとしていても死を待つだけだと考えた三人は、ACにもどるべく、行動を起こすことを決意する。

「視界が悪いから、帰れないのは明らかなんですけどね。冷静に考えれば、初めから無理だっていうことはわかるはずなんです。でも、そこに突っ立っていてもしょうがない、なんかしたいっていうのがあったから。たとえ地面を這いつくばってでも、なんとかしたかったんだけど……」

三人はその場を出発した。藤井はアイゼンを装着し、ピッケルを持っていた。目片はピッケルだけを手にしていた。河津はアイゼンも付けず、ピッケルも持っていなかった。しかし、進めたのはわずか五～一〇メートルに過ぎなかった。視界があまりに悪すぎたのだ。

目片は藤井に「帰るならひとりで帰ってくれ」と言い、「あとは頼むぞ」とトランシーバーを手渡した。

ビバーク地点にもどった藤井は、残っていたスコップで雪洞を掘りはじめた。その間、目片と河津は「早く雪洞に入れてくれ」と訴え続けた。ふたりはとても作業を手伝えるような状態ではなかった。河津はもう自分では歩けないぐらいに衰弱していた。目片の衰弱も激しかった。ことに右手を凍傷にやられている河津の様子がおかしかった。河津があまりに苦しそうなので、とりあえず風よけになる程度の小さな雪洞を掘って、その中に河津を入れた。しかし、中途半端な雪洞だったので、すぐに壊れてしまった。

やっぱりちゃんと掘らなきゃ意味がないと思い直して、藤井は改めて大きな雪洞を掘った。ふたりが這って雪洞の中に入るのを見届け、入口を雪で塞ぐと、今度は自分用の雪洞を隣に掘り始めた。

「結局、六時間ぐらい掘ってましたね。疲れはあんまり感じませんでした。それよりも体が暖かくなったからよかったです」

雪洞の中に入っても、ホッとした気分にはとてもなれなかった。藤井はこの日の朝に見つけたカロリーメイトや飴を五等分し、「五日間は生きる」と心に決めたという。それは、持っている食料や自分の体力を考えて、五日間が限界だろうと思ったからか、と尋ねると、藤井はこう答えた。

「いや、五日もあれば一日ぐらいは天気が回復して歩ける日があるだろうっていう期待のほうが先でしたね。だから五日生きているくらいじゃないと帰れないな、と」

ほんとうに生きて帰れるだろうかと気弱になったことはなかったか、という質問には、強い否定の言葉が返ってきた。

「いや、それは思わなかった。絶対に思わなかった。一瞬も思わなかったです」

四人のなかで、最後まで折れない気持ちを持ち続けていられたのが藤井だったと思う。上級生にSOSの発信を促したのも、視界のないなかで行動しようとしたのも、雪洞を掘ったのも、食料を五日分に分けたのも、生きて帰るんだという強い意志があったからだろう。その強い意志を持ち続けられた要因について、藤井は「体力の消耗がいちばん少なかったから」と話す。

ルート工作に出たとき、作業を行なったのは四年生の饗庭と目片だけで、藤井と河津はその間ずっとツエルトの中で待機していた。帰幕するときには、饗庭がひとり偵察に出て、もどってきては進むということを繰り返したため、体力の温存という点では饗庭がいちばん不利だった。それが直接的な要因になったのかどうかはわからないが、一晩の過酷なビバークに耐え切れず、いちばん先に力尽きてしまったのが饗庭だった。藤井同様、体力を温存していたはずの河津は、なんといっても手袋を飛ばされてしまったことが致命的となった。

もう一点、着ていたウエアの差も明暗を分けた。四人のなかで最も厚着をしていたのが藤井だった。藤井のレイヤリング（重ね着）は、化繊の上下のアンダーウエアにニッカーズボン、カッターシャツ、フリースのジャケット、それにヤッケ（ミクロテックスの雨具）というものだった。厚着というよりは、理にかなったレイヤリングといったほうがいいかもしれない。雨具というのがちょっと引っ掛かるが、アウターとしての役割は充分に果たしたようである。これに比べ、饗庭は化繊のアンダーウエアを上半身にしか着ていなかった。目片は中間着がカッターシャツだけで、保温という点で問題があった。河津は、アンダーウエアとして着ていたのがオーロンのTシャツだけであった。

こうしたいろいろな要素が重なり合い、結果的に藤井は体力の消耗度を最小限に抑えることができた。最後まで生きることを諦めずにいられたのはそのためだ。

雪洞の中に入ってから、藤井はトランシーバーでACとの交信を試みたが、何度やってもつながらなかった。朝、目片がSOSの発信を行なったのを最後に、トランシーバーは使いものにならなくなっていた。

午後三時ごろ、隣の雪洞から「大丈夫か？」という目片の大きな声が聞こえてきたので、「おー」と答えた。これが目片と交わした最後の言葉になった。

「ただ、今となっては、空耳だったのかなとも思うんです。そのときは鮮明に聞こえたつもりなんですけど、よく考えてみると、あれだけ消耗していた目片さんが、怒鳴るような大きな声で『大丈夫か』なんて言えるのかなって思うんですよ」

この日、ACでも三十分ごとに工作隊との交信を試みていたが、いっこうにつながらなかった。椎名は二度、工作隊の捜索に向かったが、いずれも強い風雪に阻まれて途中から引き返してきた。午後二時三十五分には富山県警から連絡が入り、以降、ACは県警の指揮下に入って行動することとなった。

前日は一睡もしていないというのに、藤井はこの日の夜もほとんど眠ることはできなかった。目をつぶっては開けることを際限なく繰り返し、長い長い夜をやり過ごした。

雪洞の中がぼんやりと明るくなってきたので、夜が明けたことがわかった。二十三日の朝である。雪洞の中にいると、外界の音はなにひとつ聞こえてこない。もしかして天気が回復したのでは、と期待して外をのぞいて見ると、昨日と変わらぬ風雪とホワイトアウトで、思わずガッカリした。この日、何度か天候を確認したが、状況は変わらなかった。

雪洞の中は、冷蔵庫の中のように寒かった。腕時計をしていたので、時間の経過は終始チェックできた。ウトウトしては目が覚めるという状態が、ずっと続いた。幼稚園から小学校、中学校、高校を経て今に至るまでのさまざまな出来事、家族のことなどが、頭に思い浮かんでは消えていった。

ときどき、隣の雪洞に声をかけてみたが、返事は返ってこなかった。昨日の様子からして、ふたりはもうダメだろうと、藤井は思っていた。

昼過ぎに、自分が入っている雪洞が崩れてしまい、新しい雪洞をつくり直した。つくり終えたときにはもうあたりが暗くなり始めていた。前の雪洞は、しゃがんで入れるぐらいのスペースがあったが、新しいものは高さがなく、体を横にしないと入れなかった。その中に潜り込んで身を横たえると、雪の冷たさがしんしんと伝わってきた。

再び夜がやってきた。ヘッドランプがあったのかどうか、覚えていない。指先さえ見えない闇はじわじわと恐怖感を生んだ。

「あの時期だから、なにも見えない真っ暗闇が十時間以上も続くわけじゃないですか。それがイヤでしたね。もし、また夜の間に雪洞が崩れたらどうしようと。そうなったらもうアウトなんですよ。だから夜の時間はものすごく長く感じられました」

ようやく雪洞の中が明るくなってきて、二十四日の朝を迎えた。が、午前中は一度も天気を確認しなかった。どうせまだ吹雪いているだろうと思っていたのと、確認したときに回復していなくて気落ちするのがイヤだったからだ。

午後一時になって、藤井はこの日初めて天候を確認しようとした。雪は一晩でかなり積もったようで、手で掘り進めるのに思いのほか手間取った。開けた穴から外をのぞいてみると、もう雪はやんでいて、薄日が差していた。遠くのほうまでは見通せないが、なんとか方向感覚は失わない程度に歩けるぐらいの視界だった。

「これなら帰れるなと思いました。もう即、決断しました。悩みはしなかったです」

雪が吹き溜まっていて雪洞の壁が厚くなっていたため、掘り返して外に出るのに三十分ほどかかってしまった。外に出てみると、雪面に横たわって死んでいる饗庭の姿が目に入った。昨日、何度か声をかけても返事がなかったことから、隣の雪洞にいる目片と河津ももう死んでいるものと考えた。あえて雪洞を壊して生死を確認しようとは思わなかった。

歩き出す前に、残っていた食料はすべて食べた。なにがなんでも今日中にACまで帰り着く覚悟だった。

「もしかしたらACに帰り着けず、今夜もまたビバークになるかもしれないということは考えました。前剱でルート工作をしてから、手探りでもどってきた状態じゃないですか。たぶん自分はこのへんにいるんだろうなっていう見当はついていたんですけど、真っ直ぐ歩いているつもりでも真っ直ぐ歩いていなかったかもしれませんよね。そうすると、全然見当違いの場所にいることになるわけです。だから、自分が予想している現在地が、実際の現在地とまったく違っていたら、ああ、もうこれは終わりだろうな、と。その覚悟はありました。賭けといえば賭け。思い切った賭けですよね」

長い間、雪洞の中にいたためか、歩いてみようとすると、足元が定まらない感じで二、三歩進んではよろけた。が、それも間もなく解消した。自分のピッケルを紛失してしまっていたので、雪洞のそばに落ちていた饗庭のピッケルを拾った。

ビバーク地点の上のほうには岩峰があった。その岩峰に、なんとなく見覚えがあった。ルート工作で前剱に向かうとき、何気なく振り返って見た岩峰に似ているような気がした。それが間違いなければ、自分は正しいルート上にいるはずだった。

十三時三十分、藤井はACに向けて岩峰を登り始めた。

体力を温存していたとはいえ、ほんのわずかな食料で過酷な三晩を耐えた体には、空身で歩くことさえひどくこたえた。十歩歩いては休み、また十歩歩いては休むことを繰り返して進んでいくうちに、来るときにつけた足跡が稜線上に残っているのを見つけた。登山靴に踏まれた箇所の雪だけが、風に飛ばされずに残っていたのだ。その時点で、藤井は生きて帰れることを確信した。

別山乗越の最後の下り坂のところで、ようやくACのテントが見えてきた。そのテントに向かって「おーい」と大声で叫んでみたが、反応はなにも返ってこなかった。

「そのときは、『あれ、なんで誰もいないんだろう。じゃあ、なんとかしなきゃな』っていう思考回路が働いてました。ビバークしているときから、ほかの人の力をまったく頼りにしていなかったんです。雪洞を掘るのもそうだったし、出発するときもそうだったし、歩いてくるときもそうだし……。だから、もし仲間がいなかったらいなかったで、なにかしら手を打っていただろうな、と。小屋を壊して中に入るか、一気に室堂まで下りちゃうか。少なくとも、そこでくたばって倒れることだけはないだろうなということです」

のちに山岳部監督の遠藤淳は、こう語っている。

「藤井がひとり生き残った最大の要因は、意志を固く持っていたということと、他人の救助を一切当てにしなかったということに尽きるんじゃないかと思います。そのことに、われわれはほんとうに驚嘆しました」

三時五分、藤井は別山乗越のACに到着した。顔は凍傷でどす黒く変色し、右手、右耳、右頬にも凍傷を負っていた。体の右側ばかりに凍傷を負ったのは、ビバーク地点からACにもどってくるまでの間に、東大谷側（右側）からの風をずっと受け続けていたからだ。

ちょうどそのとき、剣御前小屋の戸がガラッと開いて、椎名が顔をのぞかせた。天候を確認するため、外へ出ようとしたところだったのだろう。ACの三人は、富山県警の指示に従い、前日から小屋のほうに移動していた。藤井が呼んでも誰も出てこなかったのは、テントではなく小屋の中にいて声が聞こえなかったからだ。

最初、椎名は目の前にいるのが誰だかわからなかったようだ。

「凍傷で顔が真っ黒だったから、わからなかったんだと思います。誰？　饗庭なの、目片なの、藤井なの？　っていう感じでした」

それが藤井だと気づいた椎名は、「ほかのやつらはどうしたんだ」と聞いた。

藤井は、「みんな死んだ」と答えた。

藤井の生還からおよそ三時間後、県警の警備隊員と山岳部OBからなる救助隊が剣御前小屋に到着した。彼らは、信濃大町側からの立山黒部アルペンルートを動かしてもらい、室堂からここまで登ってきたのだった。
「まったく情報が入ってこなかったので、どこかでビバークしてくれていればと、ずっと期待を抱いてました。で、藤井が帰ってきて喜ぶと同時に、残りの三人の死亡が知らされたわけで、ガックリしました」（遠藤）
救助隊は、藤井からビバーク地点の状況を聞き出すと、休む間もなく、すでに午後五時二十分になっていたにもかかわらず、現場へ向けて出発していった。しかし、ガスが濃くなってきたため、午後八時前に剱山荘に入って待機。十時二十分にはガスが晴れて快晴となったので、再び捜索を開始した。
「事故発生の報告を受けてから待ちに待って、ようやく県警からゴーサインが出たので、どうしても天気のいいうちに行っておきたいと……。最初はガスがひどくて県警から捜索を打ち切るように言われたんですけど、いったん小屋に入ってしばらくしたら無風快晴になったので、また捜しに出たんです」（遠藤）
三人の遺体が発見されたのは、その夜の十時五十分のこと。夜間の収容作業は二重遭難の危険が伴うため、現場に赤旗で目印をつけ、捜索隊はいったん小屋へ引き上げた。しかし、翌日から再び天気は崩れ、三人の遺体を収容できたのは四日後のことであった。

この事故については、山岳部関係者らによって検証が行なわれ、微に入り細を穿った報告書がまとめられている。本稿の執筆も、それによるところが大きい。
この報告書では、遭難の要因として、二つ玉低気圧発生・接近時の天候判断のミス、リーダーから工作隊への情報提供の不足、工作隊が引き返す時間の遅れ、ビバークの決定の遅れ、ビバークの方法の不完全さ、などを挙げている。

そのなかでも、たったひとり生還した藤井が指摘するのは、ルート工作から引き返すときのタイミングと、ビバークを決定するときのタイミングの二点だ。

「まず、視界がまったく利かなくなるまでルート工作に夢中になってしまったこと。それから、真っ暗になる直前ギリギリまで歩いていて、ビバークを決めたときには溝をちょっと掘るぐらいしかできなかったこと。もう少し早めにビバークを決めていたら、場所だってもう少し考えられただろうし、もしかしたら雪洞もちゃんと掘っていたかもしれない。ターニングポイントっていうか、判断の分かれ目はその二つだったと思います」

一方、監督の立場として遠藤がとくに残念に思っているのは、ビバークの方法を誤ったことである。

「われわれ山岳部では、もともと雪洞を多用していなくて、ほとんど経験がない。私自身、学生時代に雪洞に泊まったという経験はありません。だから、部としてそういったところがすっぽり抜け落ちていたというのはあるんです。ただ、工作隊のリーダーの饗庭は、高校時代に雪洞を何度か経験しているんですね。あのビバークポイントで掘り始めたとき、藤井は『雪洞を掘る気ではなかっただろう』と言いま

2 月 24 日、早大山岳部員 3 人の遺体が発見された現場。画面中央に黒く見えるのが避難していたツエルト　写真提供＝朝日新聞社

したが、翌日、経験のない藤井だって雪洞を掘っているわけです。まして経験のある饗庭だったら、掘ろうとしていたんじゃないかという意見を言う者もいました。まあ、いずれにせよ、不完全なビバークであったことは間違いないですね」

では、二つ玉低気圧の発生により天気が悪化することは明白だったのに、二十一日に工作隊が行動したことについてはどうか。

藤井は、「僕は行動はしてもよかったと思っています。あの日の朝に出発したこと自体は問題ないと思いますよ」と述べている。その点は遠藤も同じだ。

「私も別に行動したのはかまわないと思います。逆に疑似好天を利用しないと、進めるものも進めなくなってしまうこともあるでしょうから、理解はできます。要は引き返すタイミングですよね」

疑似好天にまんまと騙されてのこのこ行動し始めるというのは論外だが、たしかに過去には、疑似好天の一瞬の晴れ間を突いて登頂に成功したという例もある。それもひとつのタクティクスなのかもしれない。

だが、いくら綿密に天候を読もうが、しばしば人間の予測を超えて推移するのが自然というものだ。まして相手は、悪名高き二つ玉低気圧なのである。疑似好天を利用したつもりでも、わずかに判断を誤れば、たちまち地獄へと突き落とされる。そんな危険を冒すよりは、停滞してやり過ごすのを選ぶほうが賢明なのではないだろうか。少なくとも私は、二つ玉低気圧に対しては臆病であることを選びたいと思う。

飯田もこう言っている。

「二つ玉低気圧の接近を知ったなら、早め早めに対処して身の安全を図るようにすることです。そのためには入山前や山行中に地方気象台や測候所に電話して、情報を聞くといいでしょう」

最後に、本稿をまとめるに当たっては、ルート工作隊のたったひとりの生存者、藤井に話を聞いた。チーフリーダーだった椎名は、一九九八（平成十）年五月、世界第三位の高峰カンチェンジュンガに登頂後、急性高山病にかかって下山時に死亡しており、話を聞くことはかなわなかった。

初版あとがき

本書は、山での気象現象が直接的・間接的な原因となっている新旧の遭難事故七件を検証したものである。

私にとっては、前作『生還――山岳遭難からの救出』に続く〝遭難本〟となったが、これをまとめる作業は予想していた以上に難航した。というのも、膨大な遭難事故のなかから気象遭難をピックアップし、関係者の連絡先を調べ、ようやくインタビューの依頼までこぎつけても、断わられるケースが多かったからだ。

とにかくみごとに断わられ続けた。それでも直接断わられるのならまだいい。何度も手紙や電話で連絡をとろうとしても本人がつかまらず、結局、諦めざるを得なかったケースもあった。暗黙の拒否なのだろうなと想像はつくが、やはり直接話してみないことにはと思って電話をかけ続けていたら、ある日突然、私の電話番号に対する着信拒否の手続きがとられていたということもあった。

正直に言えば、取材を断わられるたびに、「なんで話してくれないのか」とムッとしたことも事実だ。だが、言うまでもなく、それは私の傲りであり、エゴでもある。そのために何人かの方には非常に不愉快な思いをさせてしまった。改めてこの場を借りてお詫びを申し上げる。

しかし、取材依頼が難航したことは、なぜこの本を書こうとしているのかを再確認するいい機会にもなった。山岳遭難という悲劇を繰り返さないためには、過去の事故を検証して得た教訓を生かすことだと、私は信じている。取材を断わられるたびに、逆にその思いは強くなっていったような気がする。

今回の取材では、「遭難事故防止のためには、ケーススタディがいちばん大事だと思います」と言って、自分の体験を語ってくれた方もいた。本文でも触れたが、トムラウシ山の遭難の件では、「このような事故を二度と繰り返さないように」という遺族の方の口添えがあり、当初は取材拒否の立場をとっていた当事者の方がインタビューに応じてくれた。このことはほんとうに嬉しかった。一方で、福岡パーティの取材ができなかったことは今でも心残りだ。余談だが、この遭難事故に関してはまだまだ不明な点が多く、個人的には今後も取材を続けていきたいと思っている。

本書の取材・執筆を通して強く感じたのは、悪天候下の山には必ず越えてはならない一線があるということだ。天気が多少悪くても、「これぐらいの天気なら」と判断して行動を続けていると、必ずどこかで一線を越えてしまうことがある。それを知らず知らずのうちに越えてしまったときに、気象遭難が起こる。だから気象遭難を防ぐためには、絶対にその一線を越えないことだ。一線を越える前に引き返していたら、行動せずに小屋にとどまっていたら、予定を強行せずに最短ルートで下山していたら、おそらく悲劇は起きていなかっただろう。たぶん、その判断を下そうとするときには少なからず躊躇するはずである。だが、躊躇するということは、もう一線を越えようとしているところにいると思ったほうがいい。たとえほかのパーティが行動を続けていようと、あなたたちだけは一線を越える前に引き返すべきだ。それが、われわれが過去の気象遭難の事例から学ばなければならない最大の教訓だと思う。

ところで、ひとつ気になったことがある。〝登山者の無関心さ〟についてだ。そこに亡くなっている人がいるのに、あるいは今まさに死に直面している人がいるのに、「力になれないから」「救助隊に任せて」と言って知らん顔でその場を素通りしていく登山者というのは、いったいなんなのだろう。本書の取材を進めていくうちに、そういう登山者が少なからずいることを知り、正直言って驚いた。

都会では、行き倒れたホームレスに人々がまったく関心を示さないことが、以前から問題になっている。今、それと同じようなことが山で起こっているという。登山者のモラルも地に落ちたものである。

山で困っている人がいたときに、自分のできる範囲でなにかしてあげようとするか、あるいは無視して通りすぎるか。問われているのは、救助できる技量・体力があるかないかという問題ではない。人としての心があるかないかだと思う。

なお、本書では実名報道を原則としたが、取材ができなかった方に関しては仮名とした。取材拒否されたガイドの方については、出版物やインターネットなどを通じてPR活動を行なっていることや社会的責任などを考慮し、私としては、実名報道がふさわしいと思ったが、最終的にはその後の影響なども考えて校了時に仮名に直した。また、敬称を省かせていただいたこと、年齢を事故当時のものとさせていただいたこともお断わりしておく。もし非礼があったとしたら、ご容赦いただきたい。

最後になったが、取材にご協力いただいた方々をはじめ、情報を提供してくださった関係機関、気象現象を解説していただいた飯田睦治郎氏、山と溪谷社出版部の神長幹雄氏に改めてお礼を申し上げたい。

二〇〇三年四月十四日

羽根田 治

文庫化にあたっての追記

本書で取り上げた二〇〇二年の大雪山系トムラウシ山での遭難事故から七年が経過した二〇〇九年、ほぼ同じ時期の同じトムラウシ山で、同様の気象遭難事故が起きた。

ツアー客十五人とガイド三人から成るツアー登山のグループ十八人が、旭岳温泉からロープウェーで大雪山系に入山したのは同年七月十四日のこと。一行は二泊三日の行程で大雪山のメインルートを南に縦走し、トムラウシ山を経てトムラウシ温泉へ下山することになっていた。ところが最終日の十六日は低気圧の通過に伴って夜半ごろから強い風雨となり、その悪天候をついて行動を開始したことが結果的に遭難に結びついてしまう。

この日の朝、ガイドは天気の様子を見て出発を三十分遅らせたが、「行ける」と判断してヒサゴ沼避難小屋を出発する。だが、雪渓を登って主稜線に出ると、強い西風をまともに受けるようになり、風はその後ますます強くなっていく。とくに日本庭園に差し掛かったあたりでは立っていられないほどの風が吹き、ツアー客のなかには風に吹き飛ばされてハイマツの上に投げ出されたり、しゃがんで木道の端をつかみながら通過したりする者もいたほどだった。続くロックガーデンの登りになるとツアー客の足並みが乱れはじめ、列の前とうしろでかなりの間隔が開いてしまった。

そしてようやく北沼の畔まで来たときに、アクシデントが発生する。参加者のひとりが低体温症に陥り、行動不能になってしまったのだ。おまけに三人のガイドがその介抱に当たっている間、ほかのツアー客は吹きさらしの登山道で長時間じっと待機するハメになったため、さらに数人が低体温症にかかってしまうことになる。

動けなくなったツアー客と付き添いのガイド二人をその場に残し、十一人はようやく行動を再開したが、間もなく力尽きる者が出はじめて、パーティは徐々にちりぢりバラバラになっていく。先頭に立っていたガイドも、前トム平の下部でとうとう力尽きてしまった。最終的に自力下山できたのは五人のツアー客のみ。ガイド二人とツアー客三人は翌日、救助隊に助け出されたが、ガイドひとりを含む八人は低体温症のため山中で息を引きとった。

登山ツアーのあり方や山岳ガイドの資質については、以前からいろいろ問題点が指摘されていたが、関係機関が本腰を入れて見直すようになったのは、登山史に残る大量遭難となってしまったこの事故が契機になったからだ。なお、このツアー登山を主催したツアー会社は、三年後の二〇一二年十一月にも中国の万里の長城ツアーで気象遭難による事故を起こし（ツアー客三人が低体温症により死亡）、同年十二月、廃業に追い込まれた。

翌二〇一〇年の夏にも北海道では気象遭難事故が立て続けに起きている。

八月二日、日高山脈を縦走していたツアー登山の一行十二人が、沢の増水と客の疲労によりヌカビラ岳付近で身動きがとれなくなり、救助を要請。ツアー客八人全員がヘリコプターで救助された（ガイド四人は自力下山）。また、同じ日の幌尻《ぽろしり》岳では、女性四人のパーティが、増水していた額平《ぬかびら》川を渡ろうとして転倒。三人は自力で岸に上がったが、ひとりが急流に流されて行方不明となり、翌日、遺体で発見された。このとき、北海道付近には低気圧から延びる寒冷前線があり、前日から事故のあった二日にかけてこの前線が接近・通過した影響で山岳地では激しい雨となっていた。

続く八月十五日、夏山合宿でやはり日高山系に入山していた大学ワンダーフォーゲル部の四人パーティが、中ノ岳の「支六の沢川」で幕営中に鉄砲水に流されるという事故が起きた。四人のうちひとりはなんとか自力で岸にたどり着いたが、ほかの三人は濁流にのまれて還らぬ人となった。当時は日本海北部の低気圧から延びる温暖前線が北海道付近に接近し、これに伴う雨量の増加が沢の急激な増水をもたらしたものと見られている。

一連のこれらの事故からは、降雨時に沢沿いのルートをたどるときの怖さがうかがい知れる。とくに低気圧や前線の接近・通過時には充分な警戒が必要となろう。

さて、本書では北アルプスにおける三つの気象遭難の事例を検証しているが、二〇〇六年十月七日には再び複数の犠牲者を出す事故が起きている。

白馬岳から朝日岳を経て栂海《つがみ》新道を縦走し、日本海に下山する予定でガイド登山の一行七人が祖母谷《ばばだに》温泉から入山したのは十月七日。ところがこの日は低気圧が発達しながら北上したことで冬型気圧配置となり、天候が急変。清水岳《しょうず》を過ぎてしばらく行ったあたりで猛吹雪に見舞われ、寒さと疲労のため参加者二人が行動不能に陥ってしまった。ガイドはほかの四人を先行させて二人のフォローに当たったが、ひとりではどうすることもできず、二人をその場に残して四人のあとを追った。しかし、先行していた四人も次々に倒れ、ガイドひとりだけがどうにか白馬山荘にたどり着いた。

ガイドの救助要請を受け、山荘のスタッフは村営頂上宿舎にも応援を求めて救助活動を開始した。主稜線上に折り重なるようにして倒れていた四人のうちひとりはすでに亡くなっていたため、まだ息のある三人を宿舎に運び込んだが、ひとりは搬送途中で息を引き取った。この時点で依然として猛吹雪は続いており、それ以上の救助活動は断念。最初に力尽きた二人と主稜線上で亡くなった三人の遺体を収容できたのは、二日後のことであった。

事故当日、白馬岳の稜線の風は風速二〇メートルを超すものと思われ、白馬山荘周辺では翌朝にかけて二メートル近くの積雪が記録されたという。亡くなった四人は、いずれも低体温症であった。

季節は秋でも、気象条件次第では山は真冬並みの天候になる――この事例や、本書で検証した一九八九年十月八日の立山でのケースが、それを雄弁に物語っている。

一方、春山では、とっくに過ぎたはずの冬に季節が逆戻りするということが起こりうる。二〇一二年五月四日の朝、男性六人のパーティが栂池ヒュッテを出発し、白馬乗鞍岳経由で白馬岳を目指した。しかし、無風で晴れ間ものぞいていた現地の天候は午後から急変。降り出した雨が吹雪に変わり、気温も午後四時には氷点下二度まで下がった。

その後、六人が宿泊を予定していた白馬山荘に午後五時を過ぎても到着しなかったことから、遭難した可能性が濃厚となり、翌朝から長野県警山岳遭難救助隊が捜索を開始した。そして午前八時ごろ、白馬岳北方の三国境付近を通りかかった登山者が稜線で倒れている六人の登山者を発見、県警ヘリによって山麓に搬送されたが、全員の死亡が確認された。死因はいずれも低体温症であった。

当初、この事故をめぐっては「六人はみな軽装だった」「Tシャツの上にカッパを一枚着ただけの人もいた」といった報道もあったが、それは事実ではない。いちばん少ない人でも上半身だけで四枚、多い人は七枚も着込んでおり、防寒対策はしっかりなされていた。しかも、六人は医師らのパーティで低体温症の怖さは充分に理解していたはずなのだが、それでも天候の急変による低体温症の進行を食い止めることはできなかった。

この日、北アルプス一帯は前線を伴う低気圧の通過と寒気の流入によって真冬並みの悪天候となり、白馬岳のみならず涸沢岳や爺《じい》ヶ岳でも遭難事故が起きている。

涸沢岳での遭難者は、北穂高岳から穂高岳山荘に向かっていた男女六人パーティ。そのなかのひとりがオダマキのコルのあたりで低体温症により行動不能に陥ったため、三人が先行して穂高岳山荘を目指したのだが、悪天候で身動きがとれなくなり、涸沢岳から携帯電話で救助を要請した。時刻はすでに夜の七時を回っていたが、山荘に常駐していた岐阜県警山岳警備隊や山荘スタッフが現場に急行。猛吹雪のなか、午後十一時ごろまでかかって六人全員を山荘に収容した。しかし、七十一歳の男性は低体温症により死亡。ほかの五人もみな低体温症にかかっていたが、のちに回復した。

一方、爺ヶ岳では、単独行の女性が山頂に向かう途中で吹雪によりルートを見失い、携帯電話で種池山荘のオーナーに連絡を入れたのちに音信不通になってしまった。心配したオーナーは、ひとり現場に向かって夜間の捜索を行なったが、猛吹雪に阻まれて断念。中央峰と北峰の鞍部付近に倒れている女性の遺体が登山者によって発見されたのは、翌朝の七時ごろのことであった。

五月のゴールデンウィークや十月の体育の日のころの中部山岳は、いつ冬山と同じような状況になっても不思議ではない。登山を計画する際には、そのことをしっかり心に留めておく必要がある。

最後になったが、私の執筆テーマのひとつとなっているドキュメントシリーズが、このような形で再度、世に出してもらえたことは、ほんとうに嬉しく、またありがたい。快く取材に応じていただいた方々に改めて御礼を申し上げるとともに、文庫化に尽力していただいた関係者の皆様に感謝いたします。

本書に収めたそれぞれの事故の教訓が、ひとりでも多くの登山者に届くことを願っています。

二〇一三年七月　　羽根田 治

●参考文献

『登山者のための最新気象学』（飯田睦治郎著　山と溪谷社刊）
『ヤマケイ登山学校14　山の気象学』（城所邦夫著　山と溪谷社刊）
『山歩きはじめの一歩5　山の天気』（村山貢司著　山と溪谷社刊）
『雷から身を守るには――安全対策Q＆A改訂版』（日本大気電気学会編）
＊『雷から身を守るには――安全対策Q＆A改訂版』は、落雷の被害に遭わないための天気予報の活用法、登山計画の立て方、木のそばや林のなかにいるときに安全を確保する方法などを解説した小冊子。1冊800円。購入希望者は〒565－0871　大阪府吹田市山田丘2－1・大阪大学大学院工学研究科電気電子情報工学専攻内　日本大気電気学会事務局☎06－6879－7690へ。http://www.saej.jp/

本書は二〇〇三年六月十日に山と溪谷社より刊行された『ドキュメント　気象遭難』を文庫版に改めたものです。
＊文中の山小屋や団体、地方自治体の名称、個人の役職などは当時のままとし、必要な場合は注記しました。

ドキュメント　気象遭難

二〇一三年九月五日　初版第一刷発行
二〇二一年十二月五日　初版第五刷発行

著　者　羽根田 治
発行人　川崎深雪
発行所　株式会社　山と溪谷社
郵便番号　一〇一－〇〇五一
東京都千代田区神田神保町一丁目一〇五番地
https://www.yamakei.co.jp/

■乱丁・落丁のお問合せ先
山と溪谷社自動応答サービス　電話〇三－六八三七－五〇一八
受付時間／十時～十二時、十三時～十七時三十分（土日、祝日を除く）
■内容に関するお問合せ先
山と溪谷社　電話〇三－六七四四－一九〇〇（代表）
■書店・取次様からのご注文先
山と溪谷社受注センター　電話〇四八－四五八－三四五五
ファクス〇四八－四二一－〇五一三
■書店・取次様からのご注文以外のお問合せ先
eigyo@yamakei.co.jp

フォーマット・デザイン　岡本一宣デザイン事務所
印刷・製本　株式会社暁印刷
定価はカバーに表示してあります

Printed in Japan ISBN978-4-635-04763-0